Learn Ge
1

All text & illustrations by André Klein,
except cover art: *Der Nordbahnhof, Ansichtskarte from Grosser Bahnhof. Wien und die weite Welt. (Public Domain), Wiener Walzer (Public Domain), Wiener Riesenrad (Public Domain), Stephanie Bridge Photocrom Print* via *Library of Congress* and *Austrian-Hungarian picture postcard (Public Domain)*

First published on May 6th , 2016 as Kindle Edition

ISBN-13: 978-1533098849
ISBN-10: 1533098840

learnoutlive.com

Table of Contents

Introduction

In the wake of the events of "Plötzlich in Palermo", Elisabeth lands a promising job in Vienna which comes with many perks but demands a lot of traveling, while Dino is left to his own devices.

Pampered by Viennese "Gemütlichkeit" and slightly confused by yet another German dialect, he hangs around in coffeehouses until he saves the day for someone whose gratitude elevates him into a position of prestige and responsibility.

Explore the Austrian capital, learn about Viennese coffee culture, local cuisine and improve your German effortlessly along the way.

~

This book is designed to help beginners make the leap from studying isolated words and phrases to reading (and enjoying) naturally flowing German texts.

Using simplified sentence structures and a very basic vocabulary, this collection of short stories is carefully crafted to allow even novice learners to appreciate and understand the intricacies of coherent German speech.

Each chapter comes with a complete German-English dictionary, with a special emphasis on collocative phrases (high frequency word combinations), short sentences and expressions.

By working with these "building blocks" instead of just single words, learners can accelerate their understanding and active usage of new material and make the learning process more fluid and fun.

How To Read This Book

Before we start, we should acknowledge that there will be many unknown words in the following stories and that there are, in fact, various ways to deal with this very common problem for language learners of all ages and stages.

1. If you want to get the most out these stories, you'll have to establish some kind of *Lesefluss* (reading flow). You might be reading quickly or slowly, it doesn't matter — as long as you keep on reading and allow context and continuity to clear your questions.

2. Furthermore, important or difficult words (and short phrases) are appended to each chapter with an English translation for quick look-ups.

3. If you're reading this book on an e-reader or tablet, you can get instant translations by clicking/tapping on the word. To find out if your device supports this feature and how to enable it, please consult your manual or customer support.

4. As a final option we recommend using a good German-English online dictionary on your computer or mobile device while reading the following stories.

1. Die Speisekarte

~

Elisabeth und ich wohnen **mitten in Wien** in einer großen **Vierzimmerwohnung** mit **vielen alt**en, **schwer**en **Möbeln**. Die Wohnung ist sehr teuer, aber **das macht nichts, denn** Elisabeths **neu**er **Arbeitgeber**, eine große englische **Zeitung**, **zahlt die Miete**.

Leider sehe ich Elisabeth **nicht sehr oft**, weil sie **ständig unterwegs** ist. Sie **berichtet über** die vielen Menschen, die nach Europa kommen: aus dem Irak, aus Syrien, Iran, Afghanistan, etc.

An manchen Tagen ist sie in **Griechenland** auf den kleinen **Inseln** und spricht dort mit den **Flüchtlingen**, die über das **Meer** kommen, oder sie interviewt die **Einwohner**. An anderen Tagen **besucht** sie **Flüchtlingslager entlang** der Balkanroute. Wir skypen **so oft wie möglich**. Aber sie hat **nie viel Zeit**.

Seit ein paar Wochen wohnen wir **jetzt** in Wien. **Na ja, eigentlich** wohne ich hier **allein**. Elisabeth kommt **manchmal** am Wochenende für **ein oder zwei Nächte**. Aber dann muss sie **sofort wieder** zum **Flughafen** oder zum **Bahnhof**.

In ihren Artikeln **schreibt** sie **über** die **Hoffnung** der Flüchtlinge **auf ein besseres Leben**, über die **Angst** der **Europäer** und **auch** über ihre **Hilfsbereitschaft**. Elisabeth sagt, **zum ersten Mal in ihrem Leben spürt** sie, dass ihre **Arbeit** einen **Sinn** hat.

Unsere Wohnung **liegt** in *Mariahilf*, ein **Wiener Stadtteil** mit vielen Cafés, **Läden** und Restaurants. Es ist sehr **gemütlich** hier, aber auch ein bisschen langweilig. **Ich verbringe meine Zeit mit** langen **Spaziergängen** über den *Naschmarkt*, oder ich sitze im *Café Sperl*, ein altes Wiener **Kaffeehaus** an einer **Straßenecke**. Die Preise dort sind **ziemlich** teuer, aber Elisabeths Zeitung bezahlt alle unsere **Rechnungen. Außerdem kann man** dort **viele Stunden** sitzen, **auch wenn man** nur ein **einziges Getränk bestellt.**

Meinen **ersten** Kaffee **am Morgen** trinke ich im Café Sperl, denn die **Leere** und **Stille** in unserer Wohnung **macht mich verrückt**. Dann esse ich ein kleines **Frühstück** und **blättere durch** die **Tageszeitungen**. Die Zeitung auf Deutsch zu lesen ist **immer noch** eine **Herausforderung** für mich. **Meistens** lese ich nur die **Schlagzeilen**. Aber das ist **in Ordnung.**

Es ist **viel wichtiger**, die Speisekarte **zu kennen.**

Denn das Café Sperl hat ein **Dutzend verschieden**er **Kaffeesorten** mit **komisch**en Namen wie „*Melange*", „*Kapuziner*" oder „*Großer Brauner*". **Ich probiere** jeden Tag einen anderen Kaffee. Es ist ein bisschen wie Roulette. Manchmal ist Alkohol im Kaffee. Dann esse ich **schnell** einen **Apfelstrudel** mit **Schlagsahne, falls mein Kopf brummt.**

In einem kleinen **Antiquariat nebenan** habe ich ein altes Deutsch-Italienisch **Wörterbuch gefunden.** Jeden Tag **übersetze ich** einen **Teil** der Speisekarte. Aber es ist nicht so einfach. Denn **obwohl** die Menschen in **Österreich** Deutsch **sprechen, benutzen** sie oft **ganz andere Ausdrücke.** So **heißt** hier **Rührei zum Beispiel** „*Eierspeise*", **Schlagsahne** „*Schlagobers*", **Pfannkuchen** „*Palatschinken*" **und so weiter und so fort.**

Die **Bedienung** des Cafés ist auch **keine große Hilfe. Wenn ich** die **Kellner etwas** frage, antworten sie nur sehr **knapp,** oft mit einem starken österreichischen **Akzent.** Aber ich habe Zeit. Sehr viel Zeit. Und wie sagt man auf Deutsch? „**Probieren**

geht über Studieren".

~

Speisekarte: menu | mitten in Wien: in the heart of Vienna |
Vierzimmerwohnung: four-room apartment | viele: many |
alt: old | schwer: heavy | Möbel: furniture | Das macht
nichts.: It doesn't matter. | denn: because | neu: new |
Arbeitgeber: employer | Zeitung: newspaper | zahlt die
Miete: pays the rent | leider: unfortunately | nicht sehr oft:
not very often | ständig: constantly | unterwegs: on the road |
berichtet über: reports about | an manchen Tagen: on some
days | Griechenland: Greece | Inseln: islands | Flüchtlinge:
refugees | Meer: sea | Einwohner: residents | besucht: visits |
Flüchtlingslager: refugee camps | entlang: along | so oft wie
möglich: as often as possible | nie: never | viel Zeit: much time
| seit ein paar Wochen: for a couple of weeks | jetzt: now | Na
ja, ...: Well, ... | eigentlich: actually | allein: alone | manchmal:
sometimes | Wochenende: weekend | ein oder zwei Nächte:
one or two nights | Flughafen: airport | Bahnhof: train station
| sofort wieder: immediately again | Hoffnung auf ein
besseres Leben: hope for a better life | schreibt über: writes
about | Angst: anxiety | Europäer: Europeans | auch: also |
Hilfsbereitschaft: willingness to help | zum ersten Mal in
ihrem Leben: for the first time in her life | spürt: feels |
Arbeit: job | Sinn: meaning | liegt: is located | Wiener:
Viennese | Stadtteil: district | Läden: shops | gemütlich:
cozy/comfortable/homelike | langweilig: boring | Ich
verbringe meine Zeit mit: I spend my time with | lang: long |
Spaziergängen: walks | Naschmarkt: popular market in

Vienna | **Kaffeehaus**: coffeehouse | **Straßenecke**: street corner | **ziemlich**: quite | **Rechnungen**: bills | **außerdem**: besides | **man kann**: you can | **viele Stunden**: many hours | **auch wenn**: even if | **man bestellt**: you order | **einzig**: single | **Getränk**: drink | **erst**: first | **am Morgen**: in the morning | **Leere**: emptiness | **Stille**: silence | **macht mich verrückt**: makes me crazy | **Frühstück**: breakfast | **ich blättere durch**: I leaf through | **Tageszeitungen**: daily newspapers | **immer noch**: still | **Herausforderung**: Challenge | **meistens**: mostly | **Schlagzeilen**: headlines | **in Ordnung**: alright | **viel wichtiger**: much more important | **zu kennen**: to know | **Dutzend**: dozen | **verschieden**: different | **Kaffeesorten**: coffee varieties | **komisch**: strange | **Ich probiere**: I try | **schnell**: quickly | **Apfelstrudel**: apple strudel | **Schlagsahne**: whipped cream | **falls**: if | **mein Kopf brummt**: my head is thumping | **Antiquariat**: second-hand bookshop | **nebenan**: next door | **Wörterbuch**: dictionary | **gefunden**: found | **ich übersetze**: I translate | **Teil**: part | **obwohl**: although | **Österreich**: Austria | **sprechen**: speak | **benutzen**: use | **ganz andere**: completely different | **Ausdrücke**: expressions | **Zum Beispiel**: for example | **Rührei**: scrambled eggs | **heißt**: is called | **Pfannkuchen**: pancakes | **und so weiter und so fort**: and so on and so forth | **Bedienung**: waitstaff | **keine große Hilfe**: not a big help | **wenn**: when | **Kellner**: waiter | **etwas**: something | **ich frage**: I ask | **knapp**: curt | **Akzent**: accent | **Probieren geht über Studieren**: The proof of the pudding is in the eating

Übung

1. Wie viele Zimmer hat Dinos und Elisabeths Wohnung?

a) 3

b) 2

c) 4

2. Wer zahlt die Miete?

a) Dinos Familie

b) Elisabeths Arbeitgeber

c) Elisabeths Vater

3. Elisabeth arbeitet ...

a) für eine Zeitung

b) in einem Café

c) in einem Antiquariat

4. Dino sieht Elisabeth ...

a) sehr oft

b) nicht so oft

c) fast nie

5. Warum ist Elisabeth ständig unterwegs?

a) Sie berichtet über Cafés in Griechenland.

b) Sie besucht ihre Familie in England.

c) Sie berichtet über Flüchtlinge.

6. Womit verbringt Dino seine Zeit?

a) Er sitzt in einem Café oder geht spazieren.

b) Er arbeitet in einem Café oder geht spazieren.

c) Er sitzt in einem Café oder bezahlt Rechnungen.

7. Die Zeitung auf Deutsch zu lesen ist ... für Dino.

a) sehr einfach

b) langweilig

c) eine Herausforderung

8. Was macht Dino mit Hilfe des Wörterbuchs?

a) Er übersetzt die Speisekarte des Cafés.

b) Er spricht mit den Kellnern des Cafés.

c) Er übersetzt die Schlagzeilen der Zeitung.

9. Pfannkuchen heißen in Österreich ...

a) Eierspeise

b) Schlagobers

c) Palatschinken

10. „Schlagobers" bedeutet ...

a) Rührei

b) Schlagsahne

c) Pfannkuchen

11. Rührei heißt ... in Österreich.

a) Eierspeise

b) Schlagobers

c) Palatschinken

2. Die Meinungsverschiedenheit

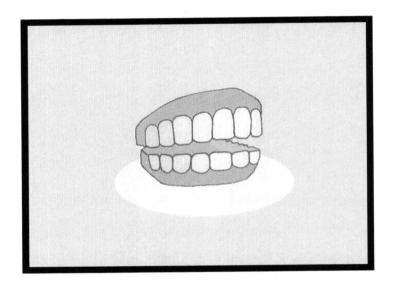

~

Heute Morgen **saß** ich wieder im Café Sperl an einem kleinen **Fensterplatz** und **trank** einen „*Einspänner*" (kleiner **Mokka** mit viel Sahne).

Es ist ziemlich **dunkel** in diesem Café. Die **Stühle** und **Tische** sind aus **dunkelbraun**em **Holz**. Sogar die **Wände** und der **Fußboden** sind braun. Es ist eigentlich ein bisschen **deprimierend**, aber **anscheinend** ist das Café **eine Art Sehenswürdigkeit**, denn es kommen immer sehr viele Touristen. Man kann hier sehr gut **Leute beobachten.**

An diesem Morgen **sah** ich ein **asiatisch**es **Pärchen**, eine **Gruppe polnisch**er **Rentner** und ein paar amerikanische Hipster. Aber das Café ist nicht nur eine Touristenattraktion. Auch viele **Einheimische** trinken hier **regelmäßig** ihren Kaffee.

In einer **Ecke** saß eine alte Wiener **Dame** mit **dick**en goldenen **Ohrringen** und einem kleinen Chihuahua. Eigentlich sind **Hunde** in dem Café **verboten**, aber die Dame ist ein **Stammgast** und der Hund ist so klein, vielleicht **machen** sie **deshalb** eine **Ausnahme.**

Am Tisch **neben mir** saßen zwei **älter**e Herren in **fein**en schwarzen **Anzügen**. Der eine **trug** eine **silbern**e **Brille**, der andere hatte einen **gepflegt**en grauen **Bart**. Sie **aß**en Gulasch und **diskutierten** etwas in schwerem **Wienerisch**. Ich **verstand kein**

21

Wort, aber **es schien, als ob** sie eine Meinungsver-schiedenheit hatten.

Der Mann mit der Brille **gestikulierte** mit den Händen und **rief:** *„Des is g'hupft wie g'hatscht!"*.

Der **bärtige** Mann **schüttelte den Kopf.** *„Hea mi auf!"*, rief er. Dann **steckte** er eine **Gabel** Gulasch **in den Mund, hustete** und **wurde plötzlich rot** im **Gesicht.**

„Alfred?", sagte der Mann mit der Brille. „**Hast dich verschluckt?**"

Alfred antwortete nicht. Er **schnappte nach Luft** wie ein **gestrandet**er Fisch und **stöhnte.** Dann **griff** er mit **beide**n Händen an den **Hals.** Gabel und **Messer fiel**en auf den **Boden.** Alle **Gäste** des Cafés **drehte**n **sich um.**

Sein Gesicht wurde **dunkelrot, lila,** dann weiß. Der Herr mit der Brille **stand auf, klopfte ihm auf den Rücken,** aber Alfred **keuchte** nur.

Ich stand **blitzschnell** auf, griff dem Mann **von hinten** unter die Arme und **drückte** auf seinen **Bauch, wie ich** es oft im **Fernsehen gesehen hatte.**

Plötzlich **holte** er **tief Luft.** Etwas **flog** aus seinem Mund und **landete** auf dem Boden. Der Chihuahua der alten Dame **flitzte** über das braune **Parkett.** Die Gäste des Cafés **applaudierten.** Sogar die **schlechtgelaunt**en Kellner **klatschte**n in die Hände.

„**Sind Sie in Ordnung?**", fragte ich den Mann. Er **nickte.** Sein Gesicht **bekam langsam** seine normale **Farbe zurück.** Er **atmete auf.**

„Danke", **murmelte** er. Aber seine Augen **folgte**n dem Chihuahua, der unter dem Tisch der alten Dame **verschwunden war.** Der kleine Hund **schien** sehr **beschäftigt. Zwischen** seinen **Zähne**n sah ich etwas **aufblitzen.**

Der Mann mit der Brille **flüsterte** etwas in mein **Ohr** und **zeigte** auf den Hund.

„Oh ...", sagte ich. „**Verstehe.**" **Ich bückte mich** und **nahm** das **Besteck** vom Fußboden **auf.** Ein kleines **Stück** Gulasch **hing** noch immer an der Gabel.

Ich ging langsam zum Tisch der alten Dame und **hielt** die Gabel **in Richtung** des Hundes. „Komm,

23

komm!"', sagte ich. Aber der Hund **interessierte sich nicht für mich**. Er **kaute** auf etwas **herum** und **knurrte**.

„Wie heißt er?", fragte ich die Dame und zeigte auf den Chihuahua. Sie hob die **Augenbrauen**. „Es ist eine *sie*!", sagte sie. „Und *sie* heißt Sissi. Ja, aber **was machen's denn da** ... ?!"

Ich **kniete** mich auf das Parkett und sagte: „Sissi, komm! **Lecker lecker!**"

Der Chihuahua **bellte**. Ich **winkte** mit der Gabel. Der Hund **ließ** etwas **fallen, kam näher** und **schnüffelte** an dem Stück Fleisch. **Da** sah ich das **Gebiss!**

Während Sissi das Gulasch **fraß**, nahm ich eine **Serviette** vom Tisch der **schockiert**en Dame, **fasste** das Gebiss **vorsichtig** mit zwei Fingern **an** und **brachte** es **zurück** zu seinem **Eigentümer**. Die amerikanischen Touristen **machte**n **Fotos** mit ihren Telefonen. Das asiatische Pärchen **kicherte**.

„Hier", sagte ich zu dem Herrn mit dem Bart. „Es ist in Ordnung, glaube ich. Aber Sie **sollte**n es **wahr-**

scheinlich ein bisschen **sauber machen** ...“

Der Mann **riss** das Gebiss aus meiner Hand und steckte es in seine **Hosentasche**. Sein **Kollege** **lächelte** und sagte: „Vielen Dank, junger Mann!“

„Kein Problem“, sagte ich. Der Mann mit dem Bart murmelte etwas und drehte sich schnell um. Ich **zuckte mit den Schultern** und ging zurück zu meinem Tisch. Der Kaffee **war inzwischen kalt geworden**.

Einen **Augenblick** später **zog**en die Herren ihre **Mäntel an** und **setzten** ihre **Hüte auf**. Während sie an meinem Tisch **vorbeiging**en, sagte der Herr mit der Brille zu mir: „**Bitte verzeihen Sie** das **Verhalten** meines Kollegen. Es ist ihm **schrecklich peinlich** ...“

Er gab mir eine **Visitenkarte** und sagte: „**Ich bestehe darauf**, dass wir uns **angemessen bei Ihnen bedanken. Ich erwarte** Ihren **Anruf**.“

Bevor ich etwas sagen konnte, **zog** er **seinen Hut** und **folgte** seinem Kollegen, der das Café **bereits verlassen hatte**.

~

Meinungsverschiedenheit: disagreement | **saß**: sat | **Fensterplatz**: window seat | **trank**: drank | **Mokka**: mocha | **dunkel**: dark | **Stühle**: chairs | **Tische**: tables | **dunkelbraun**: dark brown | **Holz**: wood | **sogar**: even | **Wände**: walls | **Fußboden**: floor | **deprimierend**: depressing | **anscheinend**: apparently | **eine Art**: a kind of | **Sehenswürdigkeit**: tourist attraction | **Leute**: people | **beobachten**: observe | **sah**: saw | **asiatisch**: Asian | **Pärchen**: pair | **Gruppe**: group | **polnisch**: Polish | **Rentner**: pensioner | **Einheimische**: locals | **regelmäßig**: regularly | **Ecke**: corner | **Dame**: lady | **dick**: thick | **Ohrringe**: Earrings | **Hunde**: dogs | **verboten**: prohibited | **Stammgast**: regular (guest) | **deshalb**: that's why | **machen eine Ausnahme**: make an exception | **neben mir**: next to me | **älter**: elderly | **fein**: fine | **Anzüge**: suits | **trug**: wore | **silbern**: silver | **Brille**: glasses | **gepflegt**: cared for | **Bart**: beard | **aß**: ate | **diskutierte**: discussed | **Wienerisch**: Viennese German (dialect) | **verstand kein Wort**: couldn't make out a single word | **es schien, als ob**: it seemed as if | **gestikulierte**: gesticulated | **rief**: cried | **Des is g'hupft wie g'hatscht!**: It doesn't matter! [Austrian] | **schüttelte den Kopf**: shook his head | **bärtig**: bearded | **Hea mi auf!**: Don't go on like that! [Austrian] | **steckte in den Mund**: put into his mouth | **hustete**: coughed | **wurde rot**: became red | **plötzlich**: suddenly | **Gesicht**: face | **Hast (du) dich verschluckt?**: Are you choking? | **schnappte nach Luft**: gasped for air | **gestrandet**: beached | **stöhnte**:

groaned | **griff**: grasped | **beide**: both | **Hals**: neck | **Gabel**: fork | **Messer**: knife | **fiel**: fell | **Boden**: ground | **Gäste**: guests | **drehte sich um**: turned around | **dunkelrot**: dark red | **lila**: purple | **stand auf**: stood up | **klopfte ihm auf den Rücken**: knocked him on the back | **keuchte**: gasped | **blitzschnell**: lightning-fast | **von hinten**: from behind | **unter**: underneath | **drückte**: pushed | **Bauch**: belly | **wie ich gesehen hatte**: like I had seen | **holte Luft**: drew breath | **tief**: deep | **flog**: flew | **landete**: landed | **flitzte**: flitted | **Parkett**: parquet | **applaudierte**: applauded | **schlechtgelaunt**: ill tempered | **klatschte**: clapped | **Sind Sie in Ordnung?**: Are you all right? [formal] | **nickte**: nodded | **bekam zurück**: regained | **langsam**: slowly | **Farbe**: color | **atmete auf**: breathed easily | **murmelte**: murmured | **folgte**: followed | **verschwunden war**: had disappeared | **schien**: seemed | **beschäftigt**: busy | **zwischen**: between | **Zähne**: teeth | **aufblitzen**: flash | **flüsterte**: whispered | **Ohr**: ear | **zeigte**: pointed | **Verstehe.**: I see. | **ich bückte mich**: I bent down | **nahm auf**: picked up | **Besteck**: cutlery | **Stück**: piece | **hing**: hung | **hielt**: held | **in Richtung**: in the direction | **interessierte sich nicht für mich**: wasn't interested in me | **kaute herum**: chewed away | **knurrte**: growled | **Augenbrauen**: eyebrows | **Was machen'S(ie) denn da?**: What are you doing there? | **kniete**: knelt | **lecker lecker!**: yummy yummy! | **bellte**: barked | **winkte**: waved | **ließ fallen**: dropped | **kam näher**: came closer | **schnüffelte**: sniffed | **da**: then | **Gebiss**: denture | **während**: while | **fraß**: ate | **Serviette**:

napkin | **schockiert**: shocked | **fasste ... an**: took hold of ... | **vorsichtig**: carefully | **brachte zurück**: returned | **Eigentümer**: owner | **machte Fotos**: took photos | **kicherte**: giggled | **sollte**: should | **ich glaube**: I think | **wahrscheinlich**: probably | **sauber machen**: clean up | **riss**: ripped | **Hosentasche**: pocket | **Kollege**: colleague | **lächelte**: smiled | **zuckte mit den Schultern**: shrugged | **inzwischen**: meanwhile | **kalt**: cold | **war ... geworden**: had become ... | **Augenblick**: moment | **zog an**: put on | **Mäntel**: Coats | **setzte auf**: sat on | **Hüte**: hats | **vorbeiging**: passed | **Bitte verzeihen Sie ...!**: Please forgive ...! [formal] | **Verhalten**: behavior | **Es ist ihm peinlich.**: He's embarrassed. | **schrecklich**: terrible | **Visitenkarte**: business card | **Ich bestehe darauf**: I insist | **angemessen**: appropriately | **bei Ihnen bedanken**: to give thanks to you [formal] | **Ich erwarte**: I expect | **Anruf**: call | **bevor ich etwas sagen konnte**: before I could say anything | **zog seinen Hut**: tipped his hat | **folgte**: followed | **bereits**: already | **verlassen hatte**: had left

 # Übung

1. Ein „Einspänner" ist ein …

a) Mokka mit Sahne

b) Tee mit viel Zucker

c) Mokka mit Milch

2. Im Café Sperl sitzen …

a) nur Touristen

b) Touristen und Einheimische

c) nur Einheimische

3. In einer Ecke sitzt …

a) ein Herr mit einem Chihuahua

b) eine Dame mit silbernen Ohrringen

c) eine Dame mit einem Chihuahua

4. Am Tisch neben Dino sitzen ...

a) polnische Rentner

b) zwei ältere Wiener Herren

c) amerikanische Hipster

5. Die Herren ...

a) essen Gulasch und diskutieren

b) essen Pfannkuchen und diskutieren

c) essen Gulasch und lachen

6. Warum schnappt der bärtige Mann nach Luft?

a) Er hat zu viel Wasser getrunken.

b) Er hat sich verschluckt.

c) Er mag das Gulasch nicht.

7. Was macht Dino mit dem Mann?

a) Er drückt ihm von hinten auf den Bauch.

b) Er schlägt ihm auf den Rücken.

c) Er gibt ihm ein Glas Wasser.

8. Die Gäste klatschen, weil ...

a) der Chihuahua ein Zirkus-Hund ist

b) sie etwas im Fernsehen gesehen haben

c) der Mann wieder atmen kann

9. Warum schaut der Mann auf den Chihuahua?

a) Er mag Hunde nicht.

b) Der Hund hat sein Gebiss.

c) Er will ihm Gulasch geben.

10. Dino bringt ...

a) dem Mann einen Teller Gulasch

b) dem Hund eine Schüssel Wasser

c) dem Mann das Gebiss zurück

11. Warum bedankt sich der Mann nicht bei Dino?

a) Er hat Schmerzen.

b) Es ist ihm peinlich.

c) Er kann nicht sprechen.

12. Sein Kollege gibt Dino ...

a) eine Speisekarte

b) eine Fahrkarte

c) eine Visitenkarte

3. Der Anruf

~

Zuhause in der Wohnung **setze ich mich an den Computer** und **versuchte**, Elisabeth **anzurufen**. Sie antwortete nicht. Ich checkte meine Emails. Nichts. Auf der Webseite von Elisabeths Zeitung **las** ich ihren **neuesten** Artikel. Sie **schrieb** über eine irakische Familie, die nach Finnland **geflüchtet war**, jetzt aber wieder zurück in den Irak **reiste**.

„Sie haben uns gesagt, Europa ist ein **Paradies**", **zitierte** Elisabeth den **Vater**. „Aber es ist dunkel, kalt und die Leute sind **unfreundlich**."

Während ich durch den Artikel **scrollte**, öffnete sich ein kleines Fenster: *„Eingehender Anruf ...".* Ich klickte auf „**annehmen**".

„Elisabeth?", sagte ich.

„Dino!", rief sie. Ich sah ihr Gesicht für eine Sekunde, **im Hintergrund** ein Bett und eine Lampe. Dann **blieb** das **Bild hängen**.

„Wo bist du?", fragte ich.

„In Ayvalık, in der Türkei", sagte sie. „In einem **billig**en Hotel. Wie geht es diiiiiiiii ..."

„Hallo?", sagte ich. „Elisabeth? Kannst du mich hören?"

„Die **Verbindung**", **hörte** ich sie sagen. **Es rauschte**. „Sehr sch-sch ... **schlecht**-t-t-t."

„Kannst du mich sehen?", sagte ich und winkte.

„Nein", sagte sie. „**Mach die Kamera aus**, bitte! Das Internet hier ist sehr langsam."

Nachdem wir beide die Kameras **ausgeschaltet hatten**, war die Verbindung ein bisschen besser. Ihre Stimme **klang verrauscht**, aber ich **konnte** sie **mehr oder weniger verstehen.**

„Ich habe gerade deinen Artikel **gelesen**", sagte ich.

„Ah", sagte sie. „Und? Was denkst du?"

„Sehr interessant", sagte ich. „**Anscheinend** ist der **Krieg** im Irak **nicht so schlimm wie** das Leben **nördlich des Polarkreises.**"

„Na ja", sagte sie. „Das ist eine ganz andere **Mentalität.** Es ist **nicht leicht.** Diese Familie kommt aus Erbil, das ist **eine der ältesten Großstädte** der Welt. Wie **soll**en sie in einem kleinen **Dorf mitten im Nirgendwo leben**? Dort gibt es nur **Schnee** und **endlos**e **Wälder.**"

„Mmh", sagte ich. „Apropos, hast du **mal wieder** etwas **von** Fadiyah **gehört?**"

„Oh!", sagte Elisabeth. „**Tatsächlich** habe ich **gestern Abend** eine Email von ihr bekommen. Sie **wartet momentan** auf ihren **Asylantrag.** Aber ich glaube, **es geht ihr ganz gut.**"

„Das ist schön", sagte ich. „**Zumindest** ist es in München nicht so kalt wie in Finnland."

„Ja", sagte Elisabeth. „**Das stimmt.**"

Nach einer Pause sagte sie: „Und wie geht es dir, Dino? **Machst du Fortschritte mit** dem Übersetzen der Speisekarte?"

„Ja", sagte ich und **lachte.** „**Es geht so.** Heute hatte ich nicht viel Zeit." Ich **erzählte** ihr die **Geschichte** von dem Gulasch, dem Gebiss und dem Chihuahua.

Elisabeth **brach in Gelächter aus.** „Was?", sagte sie. „**Im Ernst?** Und er hat dir seine Visitenkarte **gegeben?**"

„Ja", sagte ich und nahm die Karte in die Hand. „**Da steht:** ‚*Oberstudienrat* Dr. E. Gruber.' **Was bedeutet das?**"

„Ich glaube, das ist eine **altmodische Bezeichnung** für einen **Lehrer**", sagte Elisabeth.

„Mmh", sagte ich. „**Denkst du,** ich soll ihn **anrufen?**"

Da hörte ich ein „Plop"-**Geräusch**. „Elisabeth?",
sagte ich. „**Hörst du mich?**" Die Verbindung **war**
abgestürzt. Ich versuchte, sie **zurückzurufen**, aber
es funktionierte nicht.

„**Na toll** ...", murmelte ich und schüttelte den
Kopf. Dann **scrollte** ich ans Ende des Artikels und las
die **Kommentare**. Viele Leser schienen sehr
wütend.

„**Undankbar**es **Pack!**", schrieb einer.

„Geht zurück nach Hause!", schrieb ein anderer.

Dies waren **noch** die **netter**en Kommentare. Ich
seufzte und **klappte** den Laptop **zu. Bis auf** das
Ticken einer **Wanduhr** war alles **still**. Ich drehte die
Visitenkarte von Herrn Gruber auf dem Schreibtisch.

Einen Moment später saß ich vor dem Telefon. Es
war ein schweres altes Ding mit einer **Wählscheibe**
– ziemlich **hässlich**, aber zumindest **passte** es **zum**
Rest der **Einrichtung**. Ich **nahm den Hörer ab** und
begann zu **wählen**.

„**Grüß Gott!**", sagte eine **männlich**e Stimme **am**
anderen Ende der Leitung.

„Ähm …", sagte ich. „Herr Gruber? Hallo. **Ich bin's.**"

„**Verzeihung?**", sagte die Stimme.

„Aus dem Café", sagte ich. „Café Sperl?"

„Ah", sagte Herr Gruber. „Sie sind es!"

„**Störe ich gerade?**", fragte ich.

„**Keineswegs**", sagte der Herr Dr. Oberstudienrat. „Ich habe gerade mit Alfred — **ich meine**, mit Herrn Professor Moser gesprochen. Er besteht darauf, Sie zum **Abendessen einzuladen.** Heute Abend, **wenn es Ihnen Recht ist?**"

„Ähm", sagte ich. „Heute Abend?"

„Ja", sagte Herr Gruber. „**Außer natürlich, Sie haben etwas anderes vor …**"

„Nein …", sagte ich. „Ich habe Zeit."

„**Ausgezeichnet!**", sagte Herr Gruber. „Die **Residenz** von Professor Moser **befindet sich im Neunzehnten**, Waldgasse 47."

„Neunzehnten?", fragte ich.

„Ja", sagte Herr Gruber. „Im neunzehnten **Bezirk.** *Döbling, Sievering.*"

„Ah", sagte ich. „In Ordnung. **Um wie viel Uhr soll ich dort sein?**"

„Ist Ihnen dreiviertel acht Recht?", fragte der Oberstudienrat.

„Viertel nach Acht?", sagte ich. „Gut."

„Nein", sagte Herr Gruber. „Viertel *vor*! Sie sind **nicht von hier, nicht wahr?**"

„Nein ...", sagte ich. „Äh, ich meine, ja. Ich komme aus Sizilien."

„In der Tat?", sagte Herr Gruber. „Und was machen Sie in Wien?"

„Meine **Freundin**", sagte ich. „Sie schreibt für eine Zeitung."

„Höchst interessant!", sagte Herr Gruber. „Sie müssen uns **unbedingt** mehr erzählen."

„Okay ...", sagte ich. „**Also**, viertel vor Acht. Vielen Dank."

„Hocherfreut", sagte Herr Gruber. **„Auf Wieder-hören!**"

~

zuhause: at home | **ich setzte mich an den Computer**: I sat down at the computer | **versuchte ... anzurufen**: tried to call ... | **las**: read | **neueste**: newest | **schrieb**: wrote | **geflüchtet war**: had fled | **reiste**: traveled | **Paradies**: paradise | **zitierte**: quoted | **Vater**: father | **unfreundlich**: unfriendly | **scrollte**: scrolled | **eingehender Anruf**: incoming call | **annehmen**: accept | **im Hintergrund**: in the background | **blieb hängen**: got stuck | **Bild**: image | **billig**: cheap | **Verbindung**: connection | **hörte**: heard | **es rauschte**: there was a sound of static | **schlecht**: bad | **Mach die Kamera aus!**: Turn off your camera! | **nachdem**: after | **ausgeschaltet hatten**: had switched off | **klang**: sounded | **verrauscht**: noisy | **konnte verstehen**: could understand | **mehr oder weniger**: more or less | **gelesen**: read | **anscheinend**: apparently | **Krieg**: war | **nicht so schlimm wie**: not as bad as | **Leben**: life | **nördlich des Polarkreises**: north of the Polar circle | **Mentalität**: mentality | **nicht leicht**: not easy | **eine der ältesten**: one of the oldest | **Großstädte**: big cities | **soll**: should | **Dorf**: village | **mitten im Nirgendwo**: in the middle of nowhere | **Leben**: live | **Schnee**: snow | **endlos**: endless | **Wälder**: forests | **mal wieder**: (once) again | **von** ... **gehört**: heard from ... | **tatsächlich**: as a matter of fact | **gestern Abend**: yesterday evening | **wartet auf**: is waiting for | **momentan**: currently | **Asylantrag**: request for asylum | **es geht ihr ganz gut**: she's doing quite well | **zumindest**: at least | **Das stimmt.**: That's true. | **Wie geht es dir?**: How are you? | **Machst du Fortschritte mit** ...?: Are you making progress with ...? | **lachte**: laughing | **Es geht so.**: So-so. | **erzählte**: told | **Geschichte**: story | **brach in Gelächter aus**: burst into laughter | **Im Ernst?**: In earnest? | **gegeben**: given | **da steht** ...: it says there ... | **Was bedeutet das?**: What does that mean? | **altmodisch**: old-fashioned | **Bezeichnung**: term | **Lehrer**: teacher | **Denkst du** ...?: Do you think ...? | **anrufen**: call | **Geräusch**: sound | **Hörst du mich?**: Can you hear me? | **war abgestürzt**: had crashed | **zurückzurufen**: to call back | **es funktionierte nicht**: it didn't work | **Na toll** ...: Great ... | **Kommentare**: comments | **undankbar**: ungrateful | **Pack**: riff-raff | **wütend**: angry | **noch**: still | **netter**: nicer | **seufzte**: sighed | **klappte ... zu**: flipped ... shut | **bis auf** ...: except for ... | **Ticken**: ticking | **Wanduhr**: wall clock | **still**: silent | **Wählscheibe**: rotary dial | **hässlich**: ugly | **passte zum** ...: fit in with ... | **Einrichtung**: furnishing | **nahm den Hörer ab**: picked up the phone | **wählen**: dial | **Grüß Gott!**: Hello! [Southern German/Austrian] | **männlich**: male | **am anderen Ende der Leitung**: at the other end of the line | **Ich bin's.**: It's me. | **Verzeihung?**: Pardon me? | **Störe ich gerade?**: Am I disturbing you? | **keineswegs**: by no means | **ich meine**: I mean | **zum Abendessen einzuladen**: to invite for dinner | **wenn es Ihnen Recht ist**: if it would be convenient for you [formal] | **außer natürlich** ...: except, of course ... | **Sie haben etwas anderes vor**: you have previous engagements [formal] | **Ausgezeichnet!**: Excellent! | **Residenz**: residence | **befindet sich**: is located | **Neunzehnten**: nineteenth | **Bezirk**: district |

um wie viel Uhr: at what time | **dort sein**: to be there | **Ist Ihnen ... Recht?**: Is ... all right with you? [formal] | **dreiviertel acht**: quarter to eight [regional variety] | **Viertel nach Acht**: quarter past eight | **nicht von hier**: not from here | **..., nicht wahr?**: ..., isn't that so? | **in der Tat?**: Indeed? | **Freundin**: girlfriend | **Höchst interessant**: extremely interesting | **unbedingt**: by all means | **also**: so | **hocherfreut**: delighted | **Auf Wiederhören!**: Goodbye [telephone]

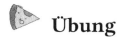 # Übung

1. In Elisabeths neuestem Artikel erzählt sie von einer ...

a) irakischen Familie, die nach Deutschland geflüchtet ist

b) syrischen Familie, die nach Finnland geflüchtet ist

c) irakischen Familie, die nach Finnland geflüchtet ist

2. Elisabeth ruft Dino ... an.

a) aus einem Hotel in der Türkei

b) aus einem Flüchtlingslager in Spanien

c) aus einer Wohnung in Griechenland

3. Warum ist die Verbindung schlecht?

a) Dinos Laptop ist sehr langsam.

b) Elisabeths Mikrofon ist schlecht.

c) Das Internet im Hotel ist sehr langsam.

4. Die Kommentare unter Elisabeths Artikel sind ...

a) sehr freundlich

b) sehr wenig

c) sehr wütend

5. Dino ruft ... an.

a) im Café Sperl

b) Dr. Gruber

c) seine Familie

6. Professor Moser will Dino ... einladen.

a) zum Frühstück

b) zum Mittagessen

c) zum Abendessen

7. Professor Moser wohnt im ... Bezirk Wiens.

a) neunzehnten

b) achtzehnten

c) neunzigsten

8. Was bedeutete „dreiviertel acht"?

a) viertel nach Acht

b) fünf nach halb acht

c) viertel vor Acht

4. Das Abendessen

~

Ich **kaufte** eine **Fahrkarte** und **fuhr mit der U-Bahn** bis zur Station *Heiligenstadt*. Dort nahm ich einen Bus und fuhr drei Stationen **weiter** nach Sievering.

Es war sehr **ruhig** hier. Ich sah **Weinberge** und kleine alte Häuser in der **Abenddämmerung**. Eine einsame **Straßenbahn** fuhr langsam durch die **eng**en Straßen.

„**Entschuldigung**?", sagte ich zu einem Mann mit einem **Schäferhund**. „Können Sie mir sagen, wo die Waldgasse 47 ist?"

Der Mann antwortete etwas auf Wienerisch und gestikulierte mit den Armen. Ich verstand kein Wort. „Äh, danke", sagte ich und ging in die Richtung, in die er **gezeigt** hatte. Es war viertel nach sieben.

Nach einer Weile sah ich ein **Schild** mit der **Aufschrift** „Waldgasse". Ich folgte der kleinen Straße, **vorbei an** Villen mit großen **Gärten** und **noch größer**en **Zäune**n, bis ich **endlich** die Nummer 47 gefunden hatte.

Ich stand vor einem massiven **Eisentor** mit vielen Ornamenten. Das Haus **dahinter sah aus wie** ein kleines **Schloss**, komplett mit **Zinnen** und **spitz**en **Türme**n.

„Prof. Alfred E. Moser", stand auf einem Schild. Ich drückte auf die Klingel und wartete. Einen Augenblick später **öffnete sich** das Tor automatisch.

Ich ging über einen **Kiesweg** in Richtung des Hauses. **Vor dem Eingang** standen **Statuen** und ein **Springbrunnen aus Marmor.**

Da öffnete sich die Tür und ich sah Herrn Gruber. Er trug einen feinen schwarzen Anzug und eine weinrote Krawatte. **Ich fühlte mich auf einmal völlig fehl am Platz.**

„Grüß Gott!", rief Herr Gruber. „Haben Sie es gut gefunden?" Ich nickte.

„Ausgezeichnet", sagte er. „**Nach Ihnen!**" Ich **ging** langsam die **Treppenstufen hinauf** zur **Haustür.**

Im **Eingangsbereich** der Villa standen alte **Ritterrüstung**en und chinesische Vasen. „Professor Moser erwartet Sie bereits", sagte Herr Gruber und ging über einen **dunkelrot**en **Teppich.** Ich folgte ihm in den **Speisesaal.** Zwei **riesige Kronleuchter** hingen **von der Decke.** Die Wände waren mit **Säbel**n und alten **Landkarten dekoriert.** In der Mitte des **Raum**s stand ein **gedeckter** Tisch.

„Grüß Gott", hörte ich eine **tiefe** Stimme sagen.

Ich drehte mich um. Professor Moser stand neben der Tür. Er lächelte ein **breites** Lächeln und ich **musste an** Sissi **denken.**

„Ähm, hallo", sagte ich. Herr Moser trug einen **dunkelblaue**n Anzug und eine **beige** Krawatte. Er **musterte mich** mit einem **kritische**n **Blick.** Dann gab er mir die Hand und sagte: „Es ist mir eine **Ehre.**"

„**Gleichfalls**", sagte ich und **schüttelte** seine Hand. „Sehr schönes Haus!"

Professor Moser nickte und sagte: „Dies war **ursprünglich** die Residenz des **Bezirks- hauptmann**s von Sievering. Nach dem Krieg war es lange **unbewohnt.** Mein Großvater hat es **vollstän- dig renoviert.**"

„Diese **Sachen** ...", sagte ich und zeigte auf die Säbel an der Wand. „Sind die **echt?**"

„**Selbstverständlich**", sagte Professor Moser. „Das sind Originale aus dem Infanterie-Regiment der **kaiserlichen Armee. Aber bitte nehmen Sie Platz!**"

Wir setzten uns an den Tisch. Dr. Gruber **füllte**

drei **Gläser** mit Champagner und sagte: „**Prost! Auf unseren Retter in der Not!**"

Wir stießen an und tranken. „Mein Kollege hat mir erzählt, Sie kommen aus Sizilien?", sagte Professor Moser.

„Ja", sagte ich. „Ich bin in Palermo **geboren**."

„Ich habe einmal dort **gearbeitet**", sagte Professor Moser und **kraulte** seinen Bart. „**Vor vielen Jahren.** Sehr schöne Stadt."

„**Echt?**", sagte ich und trank einen **Schluck**. „An der Universität?"

Dr. Gruber lachte. Professor Moser **schwieg**.

„Habe ich **etwas Falsches** gesagt?", fragte ich.

„Nein, **schauen Sie**", erklärte Herr Gruber. „In Österreich wird der Titel ‚Professor' nicht nur an Akademiker **vergeben**."

„Oh", sagte ich. „**Mit anderen Worten**, Sie arbeiten gar nicht an der Universität?"

„Nein", sagte Professor Moser und schüttelte den Kopf. „Das ist eine Art **Ehrentitel**."

„Ah …", sagte ich und wandte mich an Dr. Gruber.

„Aber Sie sind Lehrer, nicht wahr?"

„**Sie meinen wegen** dem ‚Oberstudienrat' auf meiner Visitenkarte?", sagte Herr Gruber. „Ich muss Sie leider **enttäuschen**. Auch das ist ‚nur' ein Titel."

„Jetzt verstehe ich gar nichts mehr", sagte ich.

Herr Gruber lächelte und sagte: „Wir **Österreicher** lieben unsere Titel. Es ist vielleicht ein bisschen **merkwürdig** für **Außenstehende**, aber es ist Tradition."

In dem Moment **betrat** ein junger Mann den Speisesaal. Er hatte einen wilden blonden Bart und trug ein rot-weißes **Holzfällerhemd**. An einer Hand hielt er einen kleinen **Junge**n mit **kurz**en roten **Haare**n.

„**Darf ich vorstellen**", sagte Professor Moser. „Mein **Sohn** Maximilian und mein **Enkel** Benjamin."

„Hallo", sagte ich. „Ich bin Dino."

„Max", sagte Herr Mosers Sohn und schüttelte meine Hand. „Sag ‚Hallo', Benni!", sagte er zu seinem Sohn. Aber der kleine Benjamin **verschwand** in einer Ecke des Speisesaals und **spielte** mit einem Ball.

„Sorry", sagte Max und **grinste**. „Das schlechte Verhalten hat er von seiner **Mutter**."

„Nicht jetzt, Maximilian!", **zischte** Professor Moser. „Wir haben Gäste."

„**Was auch immer**", sagte Max und nahm sein Telefon aus der Hosentasche.

„Entschuldigen Sie bitte ...", sagte Professor Moser und zeigte auf meinen **Teller**. „**Darf ich** Ihnen etwas Paradeiser-Suppe geben?"

„Ähm, was sind *Paradeiser*?", fragte ich. „**Äpfel**?"

„Äpfel?", sagte Max und lachte. „Bist du **deppert**?"

„**Lass ihn**!'", sagte Professor Moser. „Das ist **genug**!"

„In Österreich sagen wir ‚Paradeiser', in Deutschland sagt man ‚Tomaten'", erklärte Dr. Gruber.

„**Ach so**", sagte ich. „Tomatensuppe! **Gerne**."

„Für mich nicht", sagte Max, während sein Vater meinen Teller mit Suppe füllte. „Was gibt es als **Hauptspeise**?"

„Schnitzel und Erdäpfel", sagte Professor Moser.

„Ah", sagte ich. „Das Wort kenne ich. **Kartoffeln**, nicht wahr?"

„Korrekt", sagte Herr Gruber. „Sie lernen schnell."

Dr. Gruber, Professor Moser und ich aßen Tomatensuppe. Maximilian **tippte auf** seinem Handy **herum**.

„Kann ich Sie etwas fragen?", sagte ich zu Herrn Moser.

„Bitte", sagte er. „**Nur zu!**"

„Wenn Sie kein Universitätsprofessor sind ...", sagte ich. „**Was machen Sie beruflich?**"

„**Ich leite** das Sigmund-Freud Museum hier in Wien. Seit **mehr als** zehn Jahren", sagte Herr Moser. „Für diese Arbeit habe ich **übrigens** den Professor-Titel bekommen."

„Oh", sagte ich. „Verstehe."

„Und was machen Sie?", fragte er mich.

„Ähm", sagte ich. „Ich? Momentan nichts. Das heißt, ich lerne Deutsch. Für meine **Zukunft** ..."

„Sprechen Sie Englisch?", fragte Professor Moser.

„Ja", sagte ich. „Ein **bisschen. Warum**?"

„Ich brauche **dringend jemand**en mit Italienisch- und **Englischkenntnisse**n", antwortete Professor Moser. „Haben Sie vielleicht Interesse?"

„Für Ihr Museum?", sagte ich. „Aber ... aber ich **weiß nichts über** Freud."

„Das macht nichts", sagte Professor Moser. „Sie bekommen von mir eine **Broschüre**. Das **Gehalt** ist 25 Euro pro Stunde. Also, was sagen Sie?"

~

kaufte: bought | **Fahrkarte**: ticket | **fuhr mit der U-Bahn**: traveled by subway/underground | **weiter**: further | **ruhig**: quiet | **Weinberge**: vineyards | **Abenddämmerung**: dusk | **einsam**: lonely | **Straßenbahn**: streetcar/tram | **eng**: narrow | **Entschuldigung?**: Excuse me? | **Schäferhund**: German shepherd | **gezeigt**: pointed | **nach einer Weile**: after a while | **Schild**: sign | **Aufschrift**: inscription | **vorbei an**: past | **Gärten**: gardens | **noch größer**: even bigger | **Zäune**: fences | **endlich**: finally | **Eisentor**: iron gate | **dahinter**: behind (it) | **sah aus wie**: looked like | **Schloss**: castle | **Zinnen**: battlements | **spitz**: pointed | **Türme**: towers | **öffnete sich**: opened (itself) | **Kiesweg**: gravel path | **vor dem Eingang**: in front of the entrance | **Statuen**: statues | **Springbrunnen**: fountain | **aus Marmor**: made of marble | **ich fühlte mich**: I felt | **auf einmal**: suddenly | **völlig** : completely | **fehl am Platz**: out of place | **Nach Ihnen!**: After you! | **ging hinauf**: walked up | **Treppenstufen**: steps | **Haustür**: front door | **Eingangsbereich**: entrance area | **Ritterrüstung**: knight's armor | **dunkelrot**: dark red | **Teppich**: carpet | **Speisesaal**: dining room | **riesig**: huge | **Kronleuchter**: chandelier | **von der Decke**: from the ceiling | **Säbel**: saber | **Landkarten**: maps | **dekoriert**: decorated | **Raum**: room | **gedeckt**: laid | **tief**: deep | **breit**: broad | **musste an ... denken**: had to think about ... | **dunkelblaue**: dark blue | **beige**: beige | **musterte mich**: inspected me | **kritisch**: critical | **Blick**: glance | **Ehre**: honor | **gleichfalls**: likewise | **ursprünglich**: originally |

57

Bezirkshauptmann: district commissioner [Austrian] | **unbewohnt:** uninhabited | **vollständig:** completely | **renoviert:** renovated | **Sachen:** things | **echt:** real | **selbstverständlich:** of course | **kaiserliche Armee:** imperial army | **Bitte nehmen Sie Platz!:** Please take a seat! | **füllte:** filled | **Gläser:** glasses | **Prost:** Cheers! | **Auf ...!:** To ...! [toast] | **Retter in der Not:** knight in shining armor | **wir stießen an:** we clinked glasses | **geboren:** born | **gearbeitet:** worked | **kraulte:** stroked | **vor vielen Jahren:** many years ago | **Echt?:** Really? | **Schluck:** sip | **schwieg:** was silent | **etwas Falsches:** something wrong | **Schauen Sie, ...:** Look, ... | **vergeben:** award [a title] | **mit anderen Worten:** in other words | **Ehrentitel:** honorary title | **Sie meinen wegen ...:** You mean, because of ... | **enttäuschen:** disappoint | **Österreicher:** Austrians | **merkwürdig:** peculiar | **Außenstehende:** outsiders | **betrat:** entered | **Holzfällerhemd:** lumberjack shirt | **Junge:** boy | **kurz:** short | **Haare:** hair | **Darf ich vorstellen, ...:** May I introduce, ... | **Sohn:** son | **Enkel:** grandson | **verschwand:** disappeared | **spielte:** played | **grinste:** grinned | **Mutter:** mother | **zischte:** hissed | **was auch immer:** whatever | **Teller:** plate | **Darf ich ...?:** May I ...? | **Äpfel:** apples | **deppert:** stupid [Austrian] | **Lass ihn!:** Leave him alone! | **genug:** enough | **Ach so, ...:** Oh, I see ... | **gerne:** with pleasure | **Hauptspeise:** main course | **Kartoffeln:** potatoes | **tippte auf ... herum:** tapped around on ... | **Nur zu!:** Go ahead! | **Was machen Sie beruflich?:** What do you do for a living? | **ich leite:** I direct | **mehr als:** more than | **übrigens:** by the way |

Zukunft: future | **bisschen**: a bit | **Warum?**: Why? | **dringend**: urgently | **jemand**: someone | **Englischkenntnisse**: command of English | **Haben Sie Interesse?**: Are you interested? | **weiß nichts über** ...: know nothing about ... | **Broschüre**: brochure | **Gehalt**: salary

 **Übung**

1. Professor Mosers Haus sieht aus wie ...

a) ein großes Schloss

b) eine kleine Villa

c) ein kleines Schloss

2. Im Eingangsbereich stehen ...

a) Statuen und Springbrunnen

b) Vasen und Ritterrüstungen

c) Statuen und Ritterrüstungen

3. Die Wände des Speisesaals sind mit ... dekoriert.

a) Landkarten und Säbeln

b) Ritterrüstungen und Säbeln

c) Bildern und Säbeln

4. Professor Moser ist ...

a) Professor der Philosophie

b) Professor der Chemie

c) kein Universitätsprofessor

5. Wie heißt sein Sohn?

a) Benjamin

b) Maximilian

c) Alfred

6. Benjamin ist Professor Mosers ...

a) Enkel

b) Sohn

c) Bruder

7. In Österreich heißen Tomaten ...

a) Palatschinken

b) Erdäpfel

c) Paradeiser

8. Und „Erdäpfel" sind ...

a) Pfannkuchen

b) Kartoffeln

c) Tomaten

9. Was macht Herr Moser beruflich?

a) Er ist Professor der Psychologie.

b) Er ist Bezirkshauptmann von Sievering.

c) Er leitet das Sigmund-Freud Museum

10. Er braucht dringend jemanden, ...

a) der Arabisch und Italienisch spricht

b) der Englisch und Chinesisch spricht

c) der Englisch und Italienisch spricht

5. Improvisation

~

Am nächsten Morgen **flog** Professor Moser zu einer **Konferenz** in **Singapur**, also wartete sein Sohn Maximilian vor dem Eingang des Museums auf mich.

„**Servus**", sagte er und **gab mir** die **Schlüssel**.

„Hat Freud hier **gewohnt**?", fragte ich und zeigte

auf das Haus.

Max nickte und sagte: „Ja. Hier war seine **Praxis** und seine Wohnung."

„**Wirklich**?", sagte ich. „Ist die **berühmte** Couch auch hier?"

„**Naa**", sagte Max und schüttelte den Kopf. „Die ist im Museum in London."

„Ah", sagte ich. „**Schade**."

„Wieso?", sagte Max und grinste. „Brauchst 'ne Therapie?"

Wir betraten das Museum. Max zeigte mir das alte **Wartezimmer** und die **Ausstellung** über „100 Jahre **Psychotherapie**". Dann sagte er: „Gut. **Alles klar**? Ich muss jetzt Ben vom Kindergarten **abholen**."

„Moment", sagte ich. „Dein Vater hat etwas über eine Broschüre gesagt?"

„Ah", sagte Max und öffnete eine **Schublade** an einem alten Schreibtisch. „Sorry, sind **alle weg**."

„Aber ...", sagte ich. „Was soll ich jetzt den Touristen erzählen?"

„**Unter uns gesagt** ...", sagte Max. „Das ist irrelevant. Zeig ihnen das Wartezimmer, die Bilder, etc. **Improvisier einfach!**"

„Was?", sagte ich. „Und was ist, wenn ich etwas Falsches erzähle?"

Aber Max **war** bereits durch die Tür **gegangen**. Ich war allein in Sigmund Freuds Wohnung. Eine Uhr **tickte irgendwo**. Das Museum war ziemlich klein. Ich spürte den **Staub** der alten **Möbel** in meiner **Nase** und **nieste, als** sich die Tür öffnete.

„Hello", sagte ein **asiatisch aussehend**er Mann. „This is Museum?"

Ich nickte und **wischte** meine Nase mit einem **Taschentuch**. „We from China", sagte der Mann. „How much?"

Auf einem Schild an der Wand sah ich die **Preise**. Ich **verkaufte** dem Mann und seiner Frau zwei **Eintrittskarten**. Dann zeigte ich auf das Warte-zimmer und sagte: „Waiting room." Der Mann foto-grafierte das Zimmer, und seine Frau machte ein Selfie. Dann gab sie mir ihr Handy und zeigte auf sich und ihren Mann. Ich machte ein Foto und gab ihr das

Telefon zurück. Sie schien **zufrieden** mit dem **Resultat**.

„This is famous couch?", sagte der Mann und zeigte auf eine kleine **Sitzbank** in der Ecke des Wartezimmers.

„Ähm ...", sagte ich. Er **schaute mich** mit großen Augen **an**. „Yes."

Er nickte **enthusiastisch** und sagte etwas auf Chinesisch zu seiner Frau. Sie lachte. Dann begann wieder die gleiche **Prozedur** mit dem Fotografieren. **Zuerst** die „Couch", dann das Selfie seiner Frau, dann beide **zusammen**.

Nach dem Wartezimmer **führte** ich die Touristen in den **Ausstellungsraum**. Dort hingen ein paar Bilder an der Wand. Ich gestikulierte und sagte auf Englisch: „Das ist Freud im Kindergarten. Er hatte eine schwierige **Kindheit**. Er war ein Genie." Sie fotografierten die Fotos.

Unter einem **Glaskasten** lag ein altes Buch mit dem Titel „Die **Traumdeutung**". „Ein sehr berühmtes Buch", sagte ich. „Über ... äh ... die **Bedeutung** der **Träume**." Die beiden Chinesen nickten **ehrfurchtsvoll** und machten Fotos. Nachdem sie mehr als ein Dutzend Fotos **geschossen hatten**, **verließ**en sie **lächelnd** das Museum.

Ich wischte mir über die Stirn. „Wirklich gar nicht so schwer", **dachte** ich. Und dann sah ich das Schild an der Wand: „Fotografieren verboten."

Innerhalb der nächsten drei Stunden kam eine kleine Gruppe spanischer Touristen, ein **belgischer** Rentner, zwei Israelis und ein junger **Franzose**. Nur keine Italiener.

Ich erzählte über Freuds Leben, seine Familie und die Patienten. Die Touristen **half**en **mir**, die Geschichte immer weiter **zu entwickeln**. „Hat Freud **Zigarre** oder **Pfeife geraucht?**" — „**Stimmt es, dass** er in **Tschechien** geboren ist?" — „Ich habe gelesen, dass er seinen Patienten Kokain **verschrieben** hat ..."

Ich musste nur die **Dinge** im Museum mit den **Geschichte**n **verbinden**. Dieser **Holzkasten**? Eine **Zigarrenkiste**. Der Teppich? Ein traditionelles **Muster** aus Tschechien. Dieser **Schrank**? Freuds

Kokainvorrat. Aber der **Höhepunkt** meiner **Führung** war die „Couch". Die Touristen **legten sich** auf die Sitzbank und machten Fotos, **einer nach dem anderen.**

Es **lief sehr gut**, nur der junge Franzose machte mir ein paar **Schwierigkeiten**. „Was sagen Sie zu dem **Vorwurf**, dass Freud die **Ergebnisse** seiner **Studien manipuliert** hat?", fragte er. „**Ist es wahr, dass** er seine erste Praxis nur **eröffnet** hat, weil er **Geld** brauchte, **um** seine **Jugendliebe zu heiraten?"**

Ich antwortete Dinge wie: „**Nun ja**, Sigmund Freud war eine komplexe **Persönlichkeit**", oder: „Es gibt verschiedene **Meinungen darüber**", und zeigte auf die Bücher im Museumsshop.

Um drei Uhr **nachmittags erschien** Maximilian wieder, **diesmal** mit seinem Sohn. Ich erzählte gerade einem Spanier eine Geschichte über Freuds **Liebe** für Zigarren.

„In einem Monat hat er zwanzig **Kisten geraucht**", sagte ich. „Die **Fabriken** in Havanna haben **speziell für ihn** Zigarren **produziert**. Sie heißen **noch heute** ‚*Freudzigarren*'."

Der Spanier nickte **beeindruckt**, kaufte ein paar **Postkarten** und verließ das Museum.

„Und?", sagte Max. „**Wie läuft's?**"

Sein Sohn Benjamin **kletterte** über eine **Absperrung** im Wartezimmer und **hüpfte auf** den **Stühlen** des alten Wartezimmers und der „Couch" **herum**.

„**Ehrlich gesagt**, ganz gut", sagte ich. „**Es macht Spaß.**"

„Freudzigarren, mmh?", sagte Max und grinste.

„Na ja", sagte ich. „Du hast gesagt, ich soll improvisieren."

„Gute Arbeit!", sagte Max. „Apropos Arbeit, ich muss in einer halben Stunde zu einem **Vorstellungsgespräch**. Kannst du vielleicht **auf** Ben **aufpassen**? Ihr **könnte**t in den **Prater** gehen."

„Aber was ist mit dem Museum?", fragte ich.

Max **schaute auf seine Uhr** und sagte: „**Offiziell** haben wir heute bis vier geöffnet, aber du kannst jetzt **schließen**. Die meisten Touristen kommen **eh** morgens."

„Und das ist okay mit deinem Vater?", sagte ich.

„Ja", sagte Max. „*Ois hoib so wüd!*"

„Was?", sagte ich.

„Alles halb so wild", wiederholte er auf **Hochdeutsch**.

„Wie du meinst", sagte ich und zuckte mit den Achseln.

„Gut", sagte er und schrieb seine **Handynummer** auf einen **Zettel**. **„Wenn etwas ist**, kannst du mich anrufen. **Gegen sechs** bin ich wieder zurück."

~

flog: flew | **Konferenz**: conference | **Singapur**: Singapore | **gab mir**: gave me | **Schlüssel**: keys | **Servus!**: Hello! [Southern German/Austrian] | **gewohnt**: lived | **wirklich**: really | **Praxis**: Practice | **berühmt**: famous | **Naa!**: Nope! [Southern German/Austrian] | **Schade.**: Too bad. | **Wartezimmer**: waiting room | **Ausstellung**: exhibition | **Psychotherapie**: psychotherapy | **Alles klar?**: Everything clear? | **abholen**: pick up | **Schublade**: drawer | **alle weg**: all gone | **unter uns gesagt**: between you and me | **Improvisier einfach!**: Just improvise! | **war gegangen**: had gone | **tickte**: was ticking | **irgendwo**: somewhere | **Staub**: dust | **Möbel**: furniture | **Nase**: nose | **nieste**: sneezed | **asiatisch aussehend**: Asian-looking | **wischte**: wiped | **Taschentuch**: handkerchief | **Preise**: prices | **verkaufte**: sold | **Eintrittskarten**: tickets | **zufrieden**: satisfied | **Resultat**: result | **Sitzbank**: bench | **schaute mich an**: looked at me | **enthusiastisch**: enthusiastically | **Prozedur**: procedure | **zuerst**: first | **zusammen**: together | **führte**: led | **Ausstellungsraum**: exhibition room | **Kindheit**: childhood | **Glaskasten**: glass case | **Traumdeutung**: dream interpretation | **Bedeutung**: meaning | **Träume**: dreams | **ehrfurchtsvoll**: awestruck | **geschossen hatten**: had shot | **verließ**: left | **lächelnd**: smiling | **dachte**: thought | **innerhalb**: within | **belgisch**: Belgian | **Franzose**: Frenchman | **half mir**: helped me | **zu entwickeln**: to develop | **Zigarre**: cigar | **Pfeife**: pipe | **geraucht**: smoked | **Stimmt es, dass ... ?**: Is it true that ... ? | **Tschechien**: Czech Republic | **verschrieben**: prescribed | **Ich**

musste nur ...: I just had to ... | **Dinge:** things | **Geschichte:** story | **verbinden:** connect | **Holzkasten:** wooden box | **Zigarrenkiste:** cigar box | **Muster:** pattern | **Schrank:** cabinet | **Kokainvorrat:** cocaine supply | **Höhepunkt:** climax | **Führung:** guided tour | **legte sich auf:** lay on | **einer nach dem anderen:** one after the other | **lief sehr gut:** went very well | **Schwierigkeiten:** difficulties | **Vorwurf:** accusation | **Ergebnisse:** results | **Studien:** studies | **manipuliert:** manipulated | **Ist es wahr, dass ...?:** Is it true that ...? | **eröffnet:** opened | **Geld:** money | **Jugendliebe:** the love of his youth | **um ... zu:** in order to ... | **heiraten:** marry | **Nun ja, ...:** Well, ... | **Persönlichkeit:** personality | **Meinungen darüber:** opinions about | **nachmittags:** in the afternoon | **erschien:** appeared | **diesmal:** this time | **Liebe:** love | **Kisten:** crates | **geraucht:** smoked | **Fabrik:** factory | **speziell für ihn:** especially for him | **produziert:** produced | **noch heute:** still today | **beeindruckt:** impressed | **Postkarten:** postcards | **Wie läuft's?:** How's it going? | **kletterte:** climbed | **Absperrung:** barrier | **Stühle:** chairs | **hüpfte auf ... herum:** hopped around on ... | **ehrlich gesagt:** to be honest | **Es macht Spaß.:** It is fun. | **sogar:** even | **Vorstellungsgespräch:** job interview | **auf ... aufpassen:** take care ... | **könnte:** could | **Prater:** large (amusement) park in Vienna | **schaute auf seine Uhr:** consulted his watch | **offiziell:** officially | **schließen:** conclude | **eh:** anyway [Austrian] | **morgens:** in the morning | **Alles halb so wild!:** Never mind! | **wiederholte:** repeated | **Hochdeutsch:** standard

73

German | **wie du meinst**: whatever you say | **Handynummer**: mobile number | **Zettel**: slip of paper | **Wenn etwas ist**, ...: If anything comes up, ... | **gegen sechs**: around six

Übung

1. Wo ist Professor Moser?

a) Er ist auf einer Konferenz in Singapur.

b) Er wartet vor dem Museum auf Dino.

c) Er ist zu Hause in seiner Villa.

2. In welcher Stadt befindet sich Freuds Couch?

a) in Wien

b) in London

c) in Singapur

3. Das Wiener Freud-Museum ist ...

a) sehr groß

b) mittelgroß

c) ziemlich klein

4. Im Museum ist Fotografieren ...

a) erlaubt

c) toleriert

c) verboten

5. Warum macht der junge Franzose Schwierigkeiten?

a) Er hat komplexe Fragen.

b) Er will alles fotografieren.

c) Er will nicht bezahlen.

6. Maximilian ist ... mit Dinos Arbeit.

a) sehr zufrieden

b) nicht zufrieden

c) sehr unzufrieden

7. Warum soll Dino auf Benjamin aufpassen?

a) Maximilian muss nach Kuba fliegen.

b) Maximilian muss auf eine Konferenz.

c) Maximilian hat ein Vorstellungsgespräch.

8. Das Museum hat offiziell bis ... geöffnet.

a) vier

b) dreiviertel vier

c) halb vier

9. Was bedeutet „Alles halb so wild!"?

a) Es ist kein Problem.

b) Du bist verrückt!

c) Wir haben ein Problem.

6. Der Prater

~

Wir gingen **zu Fuß** in Richtung des **Vergnü-gungspark**s. Es war eigentlich **nicht so weit**, aber Benjamin **hielt jede paar Meter an**.

„Schau, Dino!", rief er. Meinen Namen **hatte** er schnell **gelernt**. Er zeigte auf **Schaufensterpuppen**, **Polizeiautos**, Hunde, **Flugzeuge** und einen alten

Teddybär in einer **Mülltonne**. „Schau Dino!"

„Ja", sagte ich **immer wieder** und nickte. „Wunderbar. Komm jetzt, Benni!".

Als wir endlich am Prater **ankamen**, war ich **erschöpft**. Benjamin aber wurde **jetzt erst richtig wach**. Er sah das **Riesenrad** und klatschte in die Hände. Dann zeigte er auf einen **Stand** und rief: „Dino, **Eis!**"

„Welche **Sorte** willst du?", fragte ich Benjamin.

„Eis!", rief er **abermals**.

„Ja", sagte ich. „Aber welche Sorte? Vanille? Schokolade? **Erdbeere**? Mango?"

Benjamin bückte sich. Er hatte eine alte **Kaugummipackung** gefunden. „Benni?", sagte ich. Er antwortete nicht.

„**Was darf's sein?**", fragte die Frau **hinter der Theke**.

„Hallo", sagte ich. „Eine **Kugel** Schokolade, bitte." Für mich selbst bestellte ich eine Kugel Vanille. Ich bezahlte und gab Benni seine **Eiswaffel**. Er **leckte** einmal daran, **verzog das Gesicht** und zeigte auf mein Eis.

„**Magst du** dein Eis **nicht?**", fragte ich. Benni schüttelte den Kopf. „Willst du **meins** probieren?" Er nickte und gab mir sein Schokoladeneis.

Wir gingen über den Prater, vorbei an **Fahrgeschäften**, **Jahrmarktsbuden** und **Imbissständen**. Es **erinnerte mich** ein bisschen **an** das Oktoberfest, nur mit **weniger** Bier und mehr Wiener **Gemütlichkeit**.

„Dino, schau!", rief Benni und zeigte auf eine **Geisterbahn**. Ein **mechanisches Skelett bewegte** einen Finger. Die Augen eines **überdimensionalen** Vampirs **blitzten** grün und gelb. „*Fahrt zur Hölle*", stand auf einem riesigen Schild in **blutroten Buchstaben**.

„Ich weiß nicht ...", sagte ich. Benni hielt noch immer das Eis in der Hand. Es **tropfte auf** seinen Arm.

„Geisterbahn!", rief Benni und **stampfte mit den Füßen**. „Ich will in die Geisterbahn, Dino!"

„Nein", sagte ich. „**Das ist nichts für Kinder.**"

Benjamin **warf** den **Rest** seiner Eiswaffel **auf den Boden** und schrie: „Aber **ich will**. Ich will ich will ich will!"

Einige **Passanten** drehten sich um. „Psst!", sagte ich. „**Ist ja gut.**"

Ich ging zum **Fahrkartenschalter** der Geisterbahn und kaufte zwei Tickets. Wir setzen uns in einen **Wagen** und fuhren durch eine kleine Tür in die **Dunkelheit**. Ich hörte ein **Zischen**. Der Wagen fuhr langsam um eine Ecke und plötzlich erschien eine Spinne mit hundert Augen direkt **über uns**.

„**Verdammt!**", rief ich. Ich schaute auf Benjamin. Er saß still neben mir. „Alles okay?", fragte ich. „Das war nur eine **Puppe**, Benni."

Wir fuhren weiter durch die Geisterbahn, durch **künstliche** **Spinnweben** und **Wasserdampf**, **hinunter** in einen dunklen Raum. Ein rotes Licht **flackerte** irgendwo und ich sah eine **Reihe** von **Köpfen** mit langen schwarzen Haaren. Aus einem **Lautsprecher** kamen schreckliche **Schreie**. **Ich klammerte mich an** den Wagen.

„Benni?", sagte ich. „**Hab keine Angst**, okay?"

Plötzlich fühlte ich etwas auf meiner **Schulter**. Ich drehte mich um. Da war ein Zombie auf unserem Wagen! Tiefe Wunden **bedeckten** sein Gesicht. Er bewegte seine **Arme auf und ab** und öffnete seinen Mund. Das war keine Puppe! „Oaaaaaaa", stöhnte er.

„*Gesù e Maria!*", rief **ich** und **duckte mich**. Die Hand des Zombies **berührte** meinen **Kopf**. Dann fuhren wir in den nächsten Raum und der **Untote** war verschwunden.

Als wir endlich den **Ausgang erreichten**, atmete ich auf. Wir **stiegen aus** dem Wagen. Benjamin war sehr still.

„Benni?", sagte ich. „Wie geht es dir?"

Der Junge **starrte** auf den Boden. „Benni?", sagte ich.

Er lachte, klatschte in die Hände und sagte. „**Noch mal**, Dino! Noch mal!"

„**Vergiss es!**", sagte ich und schüttelte den Kopf. „**Beim besten Willen nicht!**"

„Du, Dino?", sagte Benjamin.

„Ja?", sagte ich.

„Du hast Angst!", sagte er und kicherte. „**Angst-hase**, Angsthase!"

„Ja", sagte ich. „Wie du meinst. Komm jetzt!"

Wir gingen weiter über den Prater. Ich spürte noch immer den Finger des Zombies auf meiner Schulter. Benjamin zeigte auf das Riesenrad und rief: „Dino, bitte!"

„Nein", sagte ich. „Ich habe genug **Aufregung** für heute."

„Aber ich will!", rief Benni.

„Und ich will **Millionär** sein", sagte ich. „Aber man bekommt nicht immer, was man will."

Benjamin **schmollte**. „Schau, da ist eine **Hüpf-burg**!", sagte ich. „Das ist etwas für dich. Aber du musst deine **Schuhe ausziehen**!"

Ein paar Minuten später stand ich an einem „**Würstelstand**" und **biss in** eine Bratwurst, während Benjamin auf der Hüpfburg auf und ab sprang. Ich **winkte ihm zu**, aber er **ignorierte mich**.

Neben der Hüpfburg stand ein **Kettenkarussell**. Die Menschen flogen durch die Luft wie schwere Insekten. Mädchen **kreischten** und Jungs **grölten**. Ich wischte meinen Mund mit einer Serviette. Dann holte ich Benjamin ab.

„Das hat Spaß gemacht, oder?", sagte ich, während er seine Schuhe **anzog**. Er antwortete nicht.

„Ich habe eine **Idee** ...", sagte ich. „Willst du **Zuckerwatte** essen?"

Da lächelte er wieder. Nachdem wir beide eine Portion Zuckerwatte gegessen hatten, schaute ich auf die Uhr. Es war **Zeit zu gehen**. Benjamin **war anderer Meinung**, aber es war spät.

Diesmal gingen wir nicht zu Fuß, sondern nahmen die U-Bahn. Maximilian Moser wartete bereits vor dem Museum auf uns.

„Hi!", sagte ich. „**Hast du lange gewartet?**"

„Naa", sagte Max. „Kein Problem!" Er **wandte sich an** seinen Sohn. „**Wie war's** im Prater, Benni?" Er antwortete nicht.

„Wir haben Zuckerwatte gegessen und waren auf

der Hüpfburg, nicht wahr?", sagte ich. Benni setzte sich auf den **Bürgersteig**.

„Das ist schön", sagte Max. Nach einer kurzen Pause zeigte er auf Benjamin und sagte: „Aber warum trägt er zwei verschiedene Schuhe?"

Ich schaute auf Benni. Und tatsächlich, am linken Fuß trug er einen blauen Adidas-Schuh, am rechten einen lila Puma mit **Blümchen**.

„Oh ...", sagte ich. „Das habe ich gar nicht **bemerkt**. Er **muss** sie **verwechselt haben**. Sorry!"

„**Egal**", sagte Max und gab mir einen **Geldschein**. „Danke für deine **Hilfe**."

~

zu Fuß: on foot | **Vergnügungspark**: amusement park | **nicht so weit**: not that far | **hielt an**: stopped | **jede paar Meter**: every few meters | **hatte gelernt**: had learned | **Schaufensterpuppen**: mannequins | **Polizeiautos**: police cars | **Flugzeuge**: airplanes | **Mülltonne**: trashcan | **immer wieder**: again and again | **ankamen**: arrived | **erschöpft**: exhausted | **jetzt erst**: only now | **richtig wach**: fully awake | **Riesenrad**: Ferris wheel | **Stand**: booth | **Eis**: ice cream | **Sorte**: kind (of flavor) | **abermals**: once again | **Erdbeere**: strawberry | **Kaugummipackung**: pack of gum | **Was darf's sein?**: What will it be? | **hinter der Theke**: behind the counter | **Kugel**: scoop (of ice-cream) | **Eiswaffel**: ice cream cone | **leckte daran**: licked it | **verzog das Gesicht**: grimaced | **Magst du ... nicht?**: Don't you like ...? | **meins**: mine | **Fahrgeschäften**: rides | **Jahrmarktsbude**: fairground stall | **Imbissstände**: food vendors | **erinnerte mich an**: reminded me | **weniger**: less/fewer | **Gemütlichkeit**: coziness/comfortable friendliness | **Geisterbahn**: tunnel of horror/ghost train | **mechanisch**: mechanical | **Skelett**: skeleton | **bewegte**: moved | **überdimensional**: over-sized | **blitzte**: flashed | **Fahrt**: trip | **Hölle**: hell | **blutrot**: blood-red | **Buchstaben**: letters | **tropfte auf**: Dripped on | **stampfte mit den Füßen**: stamped his feet | **Das ist nichts für Kinder.**: This is not for children. | **warf ... auf den Boden**: threw ... on the floor | **ich will**: I want | **Passanten**: passers-by | **Ist ja gut.**: It's OK. | **Fahrkartenschalter**: ticket office | **Wagen**: cart | **Dunkelheit**:

darkness | **Zischen**: hissing | **über uns**: above us | **Verdammt!**: Damn it! | **Puppe**: puppet | **künstlich**: artificial | **Spinnweben**: cobwebs | **Wasserdampf**: steam | **hinunter**: down | **flackerte**: flickered | **Reihe**: row | **Köpfen**: heads | **Lautsprecher**: loudspeaker | **Schreie**: screams | **Ich klammerte mich an ...**: I clung to ... | **Hab keine Angst!**: Don't be afraid! | **bedeckte**: covered | **Arme**: arms | **auf und ab**: up and down | **ich duckte mich**: I ducked | **berührte**: touched | **Kopf**: head | **Untote**: living dead | **Ausgang**: exit | **erreichten**: reached | **stiegen aus**: disembarked | **starrte**: stared | **noch mal**: again | **Vergiss es!**: Forget it! | **Beim besten Willen nicht**: not with all the will in the world | **Angsthase**: scaredy-cat | **Aufregung**: excitement | **Millionär**: millionaire | **schmollte**: sulked | **Hüpfburg**: bouncy castle | **Schuhe**: shoes | **ausziehen**: take off | **Würstelstand**: sausage stand [Austrian] | **biss in**: bit into | **winkte ihm zu**: waved at him | **ignorierte mich**: ignored me | **Kettenkarussell**: swing ride | **kreischte**: shrieked | **grölte**: bawled | **anzog**: pulled on | **Idee**: idea | **Zuckerwatte**: cotton candy | **Zeit zu gehen**: time to go | **war anderer Meinung**: felt otherwise | **Hast du lange gewartet?**: Did you wait for a long time? | **wandte sich an**: turned towards | **Wie war's?**: How was it? | **Bürgersteig**: sidewalk | **Blümchen**: florets | **bemerkt**: noticed | **muss ... haben**: must have ... | **verwechselt**: mixed up | **Egal!**: Whatever! | **Geldschein**: (bank) bill | **Hilfe**: help

 **Übung**

1. Benjamin und Dino ... in den Prater.

a) gehen zu Fuß

b) fahren mit der U-Bahn

c) fahren mit dem Fahrrad

2. Was kauft Dino für Benjamin?

a) eine Kugel Vanilleeis

b) eine Kugel Schokoladeneis

c) zwei Kugeln Schokoladeneis

3. Danach gehen sie ...

a) auf das Riesenrad

b) auf ein Kettenkarussell

c) in eine Geisterbahn

4. Warum sagt Benjamin „Angsthase" zu Dino?

a) Dino will nicht noch einmal in die Geisterbahn gehen.

b) Dino will nicht auf das Kettenkarussell gehen.

c) Dino will nicht auf das Riesenrad gehen.

5. Nach der Geisterbahn ...

a) geht Benjamin auf das Riesenrad

b) geht Benjamin auf eine Hüpfburg

c) geht Dino auf eine Hüpfburg

6. Bevor Dino und Benjamin den Prater verlassen ...

a) essen sie Bratwurst

b) essen sie Zuckerwatte

c) essen sie Palatschinken

7. Sie ... zurück zum Museum.

a) gehen zu Fuß

b) fahren mit der U-Bahn

c) fahren mit dem Fahrrad

8. Maximilian bemerkt, dass Benjamin ...

a) keinen Spaß im Prater hatte

b) zu viel gegessen hat

c) zwei verschiedene Schuhe trägt

7. Der Traum

~

Nach meinem ersten **Arbeitstag** als **Museums-
führer** (und Babysitter) fiel ich erschöpft ins Bett. Ich
machte das Licht aus und **schlief** sofort **ein**.

In meinem Traum saß ich zusammen mit Dr.
Sigmund Freud in einem kleinen Wagen. Wir fuhren
durch einen endlos langen Tunnel. Die Wände waren

aus **rosa** Zuckerwatte. Der Psychologe **bot mir** eine Zigarre **an**.

„Danke. Ich bin **Nichtraucher**", sagte ich.

Doch er **stopfte** die Zigarre in meinen Mund und sie **verwandelte sich** plötzlich **in** einen Schuh. Ich konnte **nicht mehr atmen**. Der Wagen fuhr **immer schneller** und machte ein schreckliches Geräusch. Da **wachte** ich **auf**.

Es war dunkel im **Schlafzimmer**, bis auf den **leuchtend**en **Bildschirm** des Laptops. Ich hörte ein **Klingeln, rieb meine Augen** und sah das grüne Fenster: „*Eingehender Anruf ...*"

Schnell kletterte ich aus dem Bett und **nahm den Anruf an**.

„Dino?", sagte Elisabeths Stimme.

„Hallo", sagte ich und **gähnte**.

„**Habe ich dich geweckt?**", fragte sie. „Es ist **erst** acht ..."

„Nein nein", sagte ich und **machte** die **Schreibtischlampe an**. „**Schon okay. Wo bist du gerade?**"

„In Idomeni", sagte sie. „In einem Flüchtlingslager an der **Grenze** zwischen Griechenland und Mazedonien. Einen Augenblick ..."

Sie **schaltete** ihre **Kamera an** und ich sah ihr Gesicht, dahinter ein kleines **Feuer** in einer **Tonne**. Sie **sah müde aus**.

„Sie haben die Grenze **geschlossen**, Dino", sagte sie und zeigte in die Dunkelheit. „Die Menschen können nicht mehr nach Norden **weiterreisen**. Jetzt **sitzen** sie hier **fest**."

„Und was machst du dort?", fragte ich.

„**Dasselbe wie immer**", sagte sie und rieb ihre Hände. „Ich spreche mit den Leuten und mache Interviews. Es ist ziemlich kalt hier ..."

„Aber **du schläfst** nicht dort?", sagte ich. „Oder?"

„Nein. Natürlich nicht", sagte sie. „Mein Hotel ist **ganz in der Nähe**, aber es gibt dort kein Internet. Eine europäische **Hilfsorganisation** hat **hier draußen** für die Flüchtlinge ein **WLAN eingerichtet**. Mann, Dino, ich bin so müde. Ich **habe seit Tagen** nicht mehr **richtig geschlafen**. Jeden Tag bin ich einem anderen Hotel. Aber **ich rede zu viel**. Wie geht es dir?"

„Ganz gut", sagte ich und trank einen Schluck Wasser. Dann erzählte ich ihr von meinem Abendessen mit Dr. Gruber und „Professor" Moser, dem Freud-Museum und dem **Nachmittag** im Prater.

„Was?", sagte sie. „Du warst im Prater? **Ohne mich?**"

„Äh, ja ...", sagte ich. „**Warum**?"

„Mensch, Dino!", rief Elisabeth. „Die berühmte Szene aus *Der dritte Mann!*"

Ich **blinzelte**. „Orson Welles?", rief sie.

„**Keine Ahnung, was du meinst** ...", sagte ich.

„Ach, egal ...", sagte sie. „Aber **ich hoffe**, du warst nicht ohne mich auf dem Riesenrad!"

„Äh, nein?", sagte ich.

„Gut", sagte sie. „Zumindest das."

„Wie du meinst", sagte ich. „Kommst du am Wochenende?"

„Vielleicht", sagte sie. „**Morgen** werde ich einen neuen Artikel über die Situation hier schreiben.

Wenn der Artikel gut ist, **gibt mir** mein **Chef** vielleicht **ein paar Tage frei** ..."

Elisabeth gähnte. „Ich glaube, **du brauchst Urlaub**", sagte ich.

„**Das kannst du laut sagen**", sagte sie. „Es ist alles sehr intensiv. Jeder Flüchtling hat seine eigene schreckliche Geschichte. Und es sind so viele. **Versteh mich nicht falsch**, ich liebe diese Arbeit, aber manchmal kann ich die Bilder nicht **vergessen**, wenn ich **abends** alleine im Hotel bin. **Ein paar Male** habe ich sogar richtige **Albträume** gehabt."

„Apropos Träume", sagte ich. „Was bedeutet es, wenn man von Schuhen träumt?"

„Schuhe?", sagte sie. „**Hä**? Wieso?"

„Ach, egal ...", sagte ich.

„Dino, **ich muss gehen**", sagte sie. „Wir sprechen morgen, okay?"

„**Alles klar**", sagte ich. „**Gute Nacht**."

Ich klappte den Laptop zu, ging in die Küche und trank ein Glas **Milch**. Dann **wanderte** ich **ziellos durch** die Wohnung. Vor einem **Bücherschrank**

blieb ich **stehen.** Mein Blick fiel auf ein Buch mit dem Titel *„Kleines **Handbuch** der Traumdeutung **nach** Sigmund Freud".* Ich nahm das Buch mit ins Bett.

Unter dem Buchstaben „S" fand ich den **Eintrag** „Schuhe". Ich las: „Ein Schuh **steht für** einen **unerfüllten Wunsch.** Für Sigmund Freud haben Schuhe auch eine sexuelle Bedeutung. Die Verbindung von Fuß und Schuh zum Beispiel ist wie die Liebe zwischen Mann und Frau."

Ich klappte das Buch zu und schüttelte den Kopf. Vielleicht hatte Freud wirklich zu viel Kokain **genommen** ...

Dann machte ich das Licht aus und fiel in einen tiefen, **glücklicherweise traumlos**en Schlaf.

~

Arbeitstag: work day | **Museumsführer**: museum guide | **machte das Licht aus**: turned off the lights | **schlief ein**: fell asleep | **rosa**: pink | **bot mir ... an**: offered me ... | **Nichtraucher**: non-smoker | **doch**: but | **stopfte**: stuffed | **verwandelte sich in**: turned into | **nicht mehr**: not any more | **atmen**: breathe | **immer schneller**: faster and faster | **wachte auf**: woke up | **Schlafzimmer**: bedroom | **leuchtend**: glowing | **Bildschirm**: screen | **Klingeln**: ringing | **rieb meine Augen**: rubbed my eyes | **nahm den Anruf an**: answered the call | **gähnte**: yawned | **Habe ich dich geweckt?**: Did I wake you? | **erst**: only | **machte ... an**: turned on ... | **Schreibtischlampe**: desk lamp | **Schon okay.**: It's okay. | **Wo bist du gerade?**: Where are you now? | **Grenze**: border | **schaltete an**: switched on | **Kamera**: camera | **Feuer**: fire | **Tonne**: barrel | **sah müde aus**: looked tired | **geschlossen**: closed | **weiterreisen**: continue their journey | **sitzen fest**: are stuck | **dasselbe wie immer**: the same as always | **du schläfst**: you sleep | **ganz in der Nähe**: close by here | **Hilfsorganisation**: aid organization | **hier draußen**: out here | **WLAN**: Wi-Fi | **eingerichtet**: furnished | **habe nicht mehr richtig geschlafen**: haven't slept properly | **seit Tagen**: for days | **ich rede zu viel**: I talk too much | **Nachmittag**: afternoon | **ohne mich**: without me | **Mensch!**: Jeez! | **blinzelte**: blinked | **Der dritte Mann**: The Third Man | **Keine Ahnung**: no idea | **was du meinst**: what you mean | **ich hoffe**: I hope | **morgen**: tomorrow | **Chef**: boss | **gibt mir ein paar Tage frei**: gives me a few days off | **Du brauchst Urlaub.**:

You need a vacation. | **Das kannst du laut sagen!**: You can say that again! | **Versteh mich nicht falsch!**: Don't get me wrong! | **vergessen**: forget | **abends**: in the evening | **ein paar Male**: a few times | **Albträume**: nightmares | **Hä?**: Huh? | **Ich muss gehen.**: Got to go. | **Alles klar!**: Alrighty! | **Gute Nacht!**: Good night! | **Milch**: milk | **wanderte durch**: wandered through | **ziellos**: aimlessly | **Bücherschrank**: bookcase | **blieb stehen**: stopped | **Handbuch**: manual | **nach**: according to | **Eintrag**: entry | **steht für**: stands for | **unerfüllt**: unfulfilled | **Wunsch**: wish | **genommen**: taken | **glücklicherweise**: fortunately | **traumlos**: dreamless

Übung

1. Dino träumt von ...

a) Elisabeth

b) Sigmund Freud

c) Professor Moser

2. In dem Traum verwandelt sich ...

a) eine Zigarette in einen Schuh

b) eine Tomate in eine Kartoffel

c) eine Zigarre in einen Schuh

3. Elisabeth ruft Dino ... an.

a) aus einem Flüchtlingslager

b) aus einem Hotel

c) aus einem Tunnel

4. Sie ist sehr ...

a) müde

b) glücklich

c) einsam

5. Elisabeth hat manchmal Albträume ...

a) von dem schlechten Essen

b) von den Geschichten der Flüchtlingen

c) von Zombies und Spinnen

6. Dino findet ein Buch über ... in der Wohnung.

a) die Grenze zwischen Griechenland und Mazedonien

b) europäische Hilfsorganisationen

c) Sigmund Freuds Traumdeutung

7. In dem Buch steht, dass Schuhe ...
symbolisieren.

a) unerfüllte Wünsche

b) erfüllte Wünsche

c) Urlaub

8. Die Originalausgabe

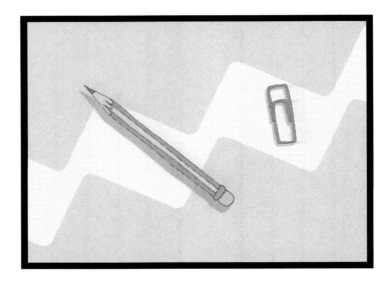

~

Mein zweiter Arbeitstag begann ziemlich langsam. In den ersten zwei Stunden betrat **kein einziger Besucher** das Museum. Ich **blätterte in** einer Freud-Biografie, las über sein Exil in England und **lernte unter anderem**, dass der Psychologe von den vielen Zigarren **Krebs** bekommen hatte und **am**

Ende nicht mehr sprechen konnte.

Ich schaute immer wieder auf die Uhr. Die **Zeiger** gingen viel zu langsam. In einem **Nebenzimmer** des Museums **fand** ich einen **Wasserkocher** und **Löskaffee**. Als ich mit einer **dampfend**en **Tasse zurückkam**, stand eine junge Frau mit langen blonden Haaren in der Tür.

„Haben Sie geöffnet?", fragte sie mit einem **osteuropäisch**en **Akzent**.

„Ja", sagte ich und **stellte** meinen Kaffee **ab**. „Natürlich."

„Was für ein **Glück!**", sagte sie.

„Jeden Tag ab neun Uhr morgens, außer **samstags** und **sonntags**", sagte ich und lächelte.

„Entschuldigen Sie bitte ...", sagte sie. „**Wie soll ich sagen**, aber ich brauche Ihre Hilfe."

„Meine Hilfe?", sagte ich und trank einen Schluck Kaffee.

„Ja", sagte sie und zeigte aus dem Fenster. „Mein Auto. Es ist **stehengeblieben**. Mitten auf der Straße."

Ich schaute aus dem Fenster und sah einen blauen

PKW vor dem Museum.

„Ich bin **alleinerziehende Mutter**", **fuhr sie fort.** „Meine **Tochter** Maja **wartet auf mich.** Sie ist im **Krankenhaus, schon** seit vielen Wochen, und heute hat sie eine wichtige Operation. Maja hat einen **Herzdefekt, wissen Sie?** Seit ihrer **Geburt.** Sie braucht dringend eine Transplantation und heute haben wir endlich ein **Spenderherz** bekommen! Aber entschuldigen Sie bitte, das ist nicht Ihr Problem ..."

„Nein nein ...", sagte ich. „Schon okay. Das ist ja schrecklich. **Was kann ich für Sie tun? Ich verstehe** leider **nichts von** Autos. Soll ich einen **Mechaniker rufen?**"

Die Frau lächelte und sagte: „Ach, die Mechaniker brauchen immer so viel Zeit. Außerdem **kennen** sie mein Auto nicht **so gut wie ich.** Es ist ein alter Toyota und der **Vergaser harmonisiert** nicht immer korrekt mit dem **Ausgleichsgetriebe**, verstehen Sie?"

„Äh ...", sagte ich.

„Nein, ich kann den Wagen **selbst reparieren**", sagte sie. „Alles, was ich brauche, ist ein **Bleistift**, eine **Büroklammer** und **Aluminiumfolie**."

„Das ist alles?", sagte ich und öffnete die Schublade eines Schreibtischs. „Hier ist eine Büroklammer und ein Bleistift."

„Vielen Dank", sagte sie und nahm die Sachen.

„Aber Aluminiumfolie ...", sagte ich. „Aluminiumfolie haben wir hier nicht im Museum." Da hatte ich eine Idee. „Bitte warten Sie hier einen Moment, ich frage schnell **bei unseren Nachbarn**."

„Ich kann auch selbst fragen", sagte sie.

„Nein", sagte ich. „Das ist kein Problem. Geben Sie mir zwei **Sekunden**!"

Ich verließ das Museum, **rannte** ein paar Treppenstufen **hinauf** und **klopfte an** einer Tür. Ich hörte **schlurfende Schritte**. Nach einer Weile öffnete eine alte Dame mit **Lockenwickler**n und einem **lila Bademantel** die Tür.

„Hallo, ich bin vom Museum **unten**", sagte ich. „Hätten Sie vielleicht ein bisschen Aluminiumfolie für mich? Es ist sehr dringend!"

Die Frau nickte, verschwand in ihrer Wohnung und kam nach einer **halb**en **Ewigkeit** mit einer **Rolle** Aluminiumfolie zurück.

Sie gab mir die Rolle und sagte: „Aber bitte bringen's den Rest wieder zurück, **gell**?"

„Vielen Dank", sagte ich schnell und **rannte** die Treppenstufen wieder **hinunter**.

„Ich hab' die Folie!", rief ich durch die Tür. „Hallo?"

Ich schaute in alle Räume des Museums, aber die Frau war verschwunden. Als ich aus dem Fenster schaute, war auch das Auto **nicht mehr da**. Wahrscheinlich hatte sie das Problem am Ende ohne die Aluminiumfolie **gelöst**.

Ich setzte mich in einen Sessel und trank einen Schluck Kaffee. Aber er **war** kalt **geworden**, also ging ich in die Küche und machte eine neue Tasse.

Wenig später erschien die erste Touristengruppe im Museum. Und **diesmal** waren es **Italiener**! Aus **Kalabrien**! Ich verkaufte ein halbes Dutzend

Eintrittskarten und begann meine Führung.

Diesmal brachte ich alle Informationen und Geschichten zusammen, **sowohl fiktiv als auch** real. Es war eine Symphonie! Ich erzählte von Freuds **Jugend**, seiner ersten großen Liebe, dem Kokain als „alternative Medizin", der **Entwicklung** der Psychotherapie und den Zigarren.

„Und hier, **meine Damen und Herren ...**", sagte ich und ging in den Ausstellungsraum. „Hier befindet sich die **einzigartige** Originalausgabe von Freuds **Meisterwerk** über die Traumdeutung." Ich zeigte lächelnd auf den Glaskasten.

„Entschuldigung", sagte ein älterer Herr mit einer Brille. „**Entweder** sind meine Augen sehr schlecht **oder** das Buch ist sehr sehr klein." Die Touristen lachten.

„Wie meinen Sie?", sagte ich und schaute auf den Kasten. Und da sah ich es. Er war **leer**! Das Buch **war verschwunden**. Mein Kopf **drehte sich** wie ein **Karussell**.

„Äh, ja ...", sagte ich zu den Touristen. „**Genau!**

Ich habe ganz vergessen, das Buch ist leider heute nicht hier. Es ... äh ... **es wird restauriert**! Und leider müssen wir auch das Museum heute **früher** schließen, denn wir ähm ... wir **renovieren**."

„Aber", sagte ein älterer Herr. „Wir haben die Couch **noch nicht** gesehen!"

„Freuds Couch ist im Londoner Freud-Museum", sagte ich. „**Tut mir leid**."

Ich verkaufte schnell ein paar **Ansichtskarten**. Dann **schob** ich die Touristen **aus** dem Museum und **schloss** die Tür. Ich **ging hinüber** in den Ausstellungsraum und starrte auf den leeren Glaskasten. Wo war das Buch? Wann hatte ich es **das letzte Mal** gesehen? War das alles nur ein Albtraum?

Da erinnerte ich mich an die junge Frau mit dem Auto. „Verdammt!", rief ich und **schlug** mit der Hand **gegen** die Wand.

Die Frau hatte das Buch **gestohlen**! Mit einer billigen Geschichte. Und ich **war darauf reingefallen**.

„Dino, du Idiot!", rief ich laut. Was sollte ich jetzt

tun? Das Buch war **sicherlich** sehr **kostbar**. Ich sollte die **Polizei** anrufen. Aber was **würde** Professor Moser sagen?

Ich ging zum Telefon und wählte Maximilians Nummer. Es klingelte. „Hallo, Dino", sagte er. „Wie geht's?"

„Wir haben ein Problem", sagte ich. „Ich habe **einen großen Fehler gemacht**. Ich bin so ein **Dummkopf**. Dein Vater **wird mich umbringen!**"

„*Ois hoib so wüd!*", sagte er. „Was ist denn **passiert?**"

„Na ja", begann ich. „**Du weißt**, hier im Museum liegt diese Originalausgabe von Freuds Traumdeutung, nicht wahr?"

„Ja, keine Ahnung", sagte er. „Da sind so viele alte Bücher."

„Aber **dieses** eine Buch **gibt es** hier **nur einmal!**", sagte ich.

„Und **was ist damit?**", sagte Maximilian Moser.

In diesem Augenblick klopfte es an der Tür. „Einen Moment, bitte", sagte ich. „**Ich rufe dich** später zurück."

Ich öffnete die Tür. Da war **niemand**. Ich schaute nach links und nach rechts. **Keine Menschenseele.** Dann fiel mein Blick auf den Fußboden. Vor der Tür lag ein kleines **Päckchen** in braunem **Papier**. Ich nahm das Päckchen und ging wieder **hinein**. Auf dem Schreibtisch **packte** ich **es aus**. Es war ein Buch ... es war *das* Buch!

Ich **untersuchte** es. Alles schien in Ordnung. Da sah ich einen kleinen **Zettel**. „**Lieber Unbekannter**", stand darauf. „Ich studiere Psychologie und brauchte das Buch für meine **Masterarbeit**. Ich habe ein paar Seiten **kopiert**. Das Buch ist **unbeschädigt**. Entschuldigen Sie bitte die **List**. Sie hätten mir das Buch nie **freiwillig** gegeben. **Mit freundlichen Grüßen**, A. B."

Ich steckte den Zettel in meine Hosentasche und atmete auf. Dann nahm ich das Buch und legte es vorsichtig unter den Glaskasten. Es war, **als wäre es nie fort gewesen.**

~

Originalausgabe: original edition | **kein einziger**: not a single | **Besucher**: visitor | **blätterte in**: leafed through | **lernte**: learned | **unter anderem**: among other things | **Krebs**: cancer | **am Ende**: in the end | **Zeiger**: hand (of a clock) | **Nebenzimmer**: side-room | **fand**: found | **Wasserkocher**: kettle | **Löskaffee**: instant coffee | **dampfend**: steaming | **Tasse**: cup | **zurückkam**: returned | **osteuropäisch**: Eastern European | **Akzent**: accent | **stellte ... ab**: put down ... | **Glück**: luck | **samstags**: on Saturdays | **sonntags**: on Sunday | **Wie soll ich (es) sagen?**: How should I put it? | **stehengeblieben**: stopped | **PKW**: car | **alleinerziehende Mutter**: single mother | **..., fuhr sie fort.**: ..., she continued. | **Tochter**: daughter | **wartet auf mich**: is waiting for me | **Krankenhaus**: hospital | **schon**: already | **Herzdefekt**: heart defect | **..., wissen Sie?**: ..., you know? [formal] | **Geburt**: birth | **Spenderherz**: donor heart | **Was kann ich für Sie tun?**: What can I do for you? | **Ich verstehe nichts von ...**: I don't know anything about ... | **Mechaniker**: mechanic | **rufen**: call | **kennen**: know | **so gut wie ich**: as well as I do | **Vergaser**: carburetor | **harmonisiert**: harmonizes | **Ausgleichsgetriebe**: differential (gear) | **selbst**: myself | **reparieren**: repair | **Bleistift**: pencil | **Büroklammer**: paperclip | **Aluminiumfolie**: aluminum foil | **bei unseren Nachbarn**: at our neighbors | **Sekunden**: seconds | **rannte hinauf**: ran up | **klopfte an**: knocked at | **schlurfend**: shuffling | **Schritte**: steps | **Lockenwickler**: hair rollers | **lila**: purple | **Bademantel**: bathrobe | **unten**: downstairs | **halb**: half |

Ewigkeit: eternity | **Rolle**: roll | ..., **gell?**: ..., right? [Southern German/Austrian] | **rannte hinunter**: ran down | **nicht mehr da**: not there anymore | **gelöst**: solved | **wenig später**: a little bit later | **diesmal**: this time | **Italiener**: Italians | **Kalabrien**: Calabria | **verkaufte**: sold | **sowohl ... als auch ...**: ... as well as ... | **fiktiv**: fictitious | **Jugend**: youth | **Entwicklung**: development | **meine Damen und Herren**: ladies and gentlemen | **einzigartig**: unique | **Meisterwerk**: masterpiece | **entweder ... oder**: either ... or | **leer**: empty | **war verschwunden**: had disappeared | **drehte sich**: was spinning | **Karussell**: carousel | **Genau!**: Exactly! | **Es wird restauriert.**: It's being restored. | **früher**: earlier | **renovieren**: renovate | **noch nicht**: not yet | **(Es) tut mir leid.**: I'm sorry. | **Ansichtskarten**: postcards | **schob ... aus**: pushed ... out of | **schloss**: locked | **ging hinüber**: went over | **das letzte Mal**: the last time | **schlug**: beat | **gegen**: against | **gestohlen**: stolen | **war darauf reingefallen**: had fallen for it | **sicherlich**: certainly | **kostbar**: valuable | **Polizei**: police | **würde**: would | **einen großen Fehler gemacht**: made a big mistake | **Dummkopf**: fool | **wird mich umbringen**: will kill me | **passiert**: happened | **Du weißt ...**: You know ... | **dieses ... gibt es nur einmal**: there is only one of it | **Was ist damit?**: What about it? | **Ich rufe dich später zurück.**: I'll call you back later. | **niemand**: nobody | **keine Menschenseele**: not a (living) soul | **Päckchen**: parcel | **Papier**: paper | **hinein**: inside | **packte es aus**: unwrapped it | **untersuchte**: examined | **Zettel**: note |

Lieber Unbekannter, ...: Dear Unknown, ... | **Masterarbeit**:
Master's thesis | **kopiert**: copied | **unbeschädigt**: undamaged |
List: ruse | **freiwillig**: voluntarily | **Mit freundlichen Grüßen**
...: Best regards ... | **als wäre es nie fort gewesen**: as if it had
never been gone

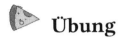 # Übung

1. Was findet Dino in einem Nebenzimmer?

a) einen Wasserkocher und Löskaffee

b) einen Wasserkocher und Bohnenkaffee

c) eine Wasserflasche und Löskaffee

2. Eine ... betritt das Museum.

a) junge Frau mit kurzen blonden Haaren

b) ältere Frau mit langen blonden Haaren

c) junge Frau mit langen blonden Haaren

3. Sie sagt, dass ihr Auto ... ist.

a) verschwunden

b) stehengeblieben

c) gestohlen

4. Sie erzählt, dass ihre Tochter ... hat.

a) ein gutes Herz

b) einen Doktortitel

c) einen Herzdefekt

5. Die Frau will, dass Dino ...

a) einen Mechaniker anruft

b) ihr ein paar Sachen gibt

c) ihr Auto repariert

6. Sie braucht nur ...

a) einen Filzstift, eine Büroklammer und
Aluminiumfolie

b) einen Bleistift, eine Haarklammer und
Aluminiumfolie

c) einen Bleistift, eine Büroklammer und
Aluminiumfolie

7. Woher nimmt Dino die Aluminiumfolie?

a) Er fragt Maximilian.

b) Er geht in den Supermarkt.

c) Er fragt eine Nachbarin.

8. Als Dino wieder zurückkommt, sind ... nicht mehr da.

a) die Frau und das Auto

b) die Frau und der Schreibtisch

c) der Kaffee und das Auto

9. Später bemerkt Dino, dass auch ... verschwunden ist.

a) ein Buch

b) ein altes Foto

c) eine Büroklammer

10. Er ruft sofort ... an.

a) Elisabeth

b) die Polizei

c) Maximilian

11. Was findet Dino vor der Tür?

a) ein Baby

b) ein Päckchen

c) eine Zigarrenkiste

12. In dem Päckchen ist ...

a) ein Bild und ein Zettel

b) das Buch und ein Bleistift

c) das Buch und ein Zettel

13. Warum hat die Frau das Buch gestohlen?

a) Sie brauchte es, um das Auto zu reparieren.

b) Sie wollte es für viel Geld verkaufen.

c) Sie brauchte es für ihr Studium.

9. Wiedervereinigung

~

Am nächsten Morgen hörte ich einen Schlüssel in der Tür. Ich stieg aus dem Bett, verließ das Schlafzimmer, und da stand Elisabeth im **Flur**. Neben ihr **lehnte** ein kleiner **Koffer** an der Wand.

„Elisabeth?", sagte ich. „Was machst du denn hier? Ist es schon Wochenende?"

„**Freut mich auch**, dich zu sehen", sagte sie und grinste. **Wir umarmten uns.**

„Hat dir dein Chef endlich Urlaub gegeben?", sagte ich.

„Nein", sagte sie. „Das ist eine **länger**e Geschichte. Aber jetzt brauche ich **erst einmal** einen Kaffee."

„Okay", sagte ich. „Gib mir zwei Minuten!"

„Natürlich", sagte sie und gähnte.

Wenig später saßen wir im Café Sperl. Ich hatte einen *Kleinen Braunen* (Mokka mit **Kaffeesahne**) bestellt, Elisabeth trank einen *Großen Schwarzen* (**doppelt**er Mokka).

„Das ist also das berühmte Café Sperl", sagte Elisabeth und **schaute sich um.** „Ich habe gehört, Adolf Hitler war hier Stammgast."

„Was?", **flüsterte** ich und schaute mich um. „Im Ernst?"

„Keine Ahnung", sagte sie und zuckte mit den Schultern. „Die **Farbe**n **passen jedenfalls.**"

„Wie meinst du?", sagte ich.

„Alles braun?", sagte sie. „Die Farbe der **National-**

sozialisten?" Ich blinzelte. „Ach, egal."

Wir tranken still unseren Kaffee. Nach einer Weile sagte ich: „Also, was ist jetzt mit deinem Chef?"

„Ah", sagte sie. „Ja. Ich habe **gekündigt**."

„Gekündigt?", sagte ich und stellte die Kaffeetasse auf den **Untersetzer**. „Aber ... du hast diesen Job **geliebt!**"

„Ja", sagte sie. „Ich denke immer noch, dass es eine wichtige Arbeit ist. Aber **ich kann nicht mehr**, Dino. **Ich bin mit den Nerven am Ende**."

„Wieso?", sagte ich. „Was ist passiert?"

„Hast du nicht die Zeitung gelesen heute?", sagte sie.

„Nein", sagte ich. „Ich bin **gerade erst aufgestanden**."

„Die Situation ist **eskaliert**", sagte sie. „Die Flüchtlinge haben gestern Abend die Grenze **gestürmt**. Die Polizei hat mit **Tränengas** geschossen. Da waren Frauen und Kinder in der **Menge!**"

Ich nahm eine Zeitung vom Tisch neben uns und sah die Bilder: **Rauch, Stacheldrahtzäune**, weinende Kinder, ein Mann mit einer **blutenden Stirn**.

„Oh mein Gott!", sagte ich. „Das **sieht aus wie** im **Krieg**."

Elisabeth nickte. „Es war schrecklich", sagte sie. „Die Menschen dort haben nichts. Ihre einzige **Hoffnung** ist, nach Europa zu gehen. Und jetzt ist die Grenze geschlossen. Sie können **weder vor noch zurück**. Die Leute sind **extrem frustriert**. Ein paar **Jugendliche** haben **Steine geworfen**. Und dann kam die Polizei ..."

„Aber **dir ist nichts passiert?**", sagte ich.

„Glücklicherweise", sagte sie. „Aber eine **Tränengasgranate** hat mich **beinahe** am Kopf **getroffen**. Ich habe das Geräusch in der Luft gehört. Direkt neben meinem Ohr!"

„Was?", sagte ich. „Oh Mann, Elisabeth!"

„Ja", sagte sie. „Zuerst hatte ich einen Schock. Aber dann zurück im Hotel **wurde mir** sehr schnell **klar**, dass ich diese Arbeit nicht mehr machen kann."

„Und was hat dein Chef gesagt?", fragte ich.

„Er war sehr **verständnisvoll**", sagte Elisabeth.

„Er weiß, dass ich keine **Erfahrung** mit **solchen** Konflikten habe."

„Und jetzt?", sagte ich. „Was machen wir jetzt?"

„Wie meinst du?", sagte sie.

„Na ja, die Wohnung, die Rechnungen — deine Zeitung bezahlt doch alles!", sage ich.

„Ach so", sagte Elisabeth. „Ja. Mein Chef **meinte**, wir können den Rest des Monats noch in der Wohnung **bleiben**. Aber unsere Rechnungen müssen wir **ab jetzt** natürlich selbst bezahlen."

„Ich habe in den letzten Tagen ein paar Euro **verdient**", sagte ich. „Es ist nicht viel, aber **besser als nichts**."

„Das ist schön", sagte sie und gähnte. „**Wie viel Uhr ist es?**"

„Halb neun", sagte ich. „Oh, verdammt, **ich muss los!**"

„Okay", sagte Elisabeth. „Ich gehe jetzt ins Bett."

„**Schlaf gut!**", sagte ich und küsste sie auf die **Wange**. „**Bis später.**"

Auf dem Weg zum Museum sah ich **überall** die

Zeitungen mit den Bildern von der Grenze. Ich dachte an Fadiyah, meinen Onkel, die Carabinieri und das Fischerboot.

Vor dem Museum wartete Professor Moser auf mich. Er trug einen schwarzen **Mantel** und einen Hut. Neben ihm stand ein kleiner **Aktenkoffer**.

„Grüß Gott!", sagte er und schüttelte meine Hand.

„Äh ... hallo", sagte ich. „Wie war die Konferenz?"

„Ah", sagte Professor Moser. „Diese **Veranstaltung**en sind immer ein bisschen **fad**, aber man kann dort gut **Kontakte knüpfen**. Und wie geht es Ihnen? Mein Sohn hat erzählt, Sie haben sich sehr schnell **zurechtgefunden**."

„Ja ...", sagte ich. „Gut ... danke."

„**Sie fragen sich** vielleicht, was ich heute hier mache", sagte Professor Moser und lächelte. „**Keine Angst**, ich will Sie nicht **kontrollieren**!"

„Nein?", sagte ich und lachte **nervös**.

„Ich brauche **bloß** eine **Kleinigkeit**", sagte er. „In Singapur habe ich den **Leiter** des Londoner Freud-Museums **getroffen**. Wir werden dieses Jahr ein paar

Objekte **austauschen**, unter anderem die Original-
ausgabe der ‚*Traumdeutung*‘.“

Ich **schluckte**. Wir betraten das Museum und
Professor Moser ging direkt zu dem Glaskasten im
Ausstellungsraum.

„Ah, da ist **das gute Stück!**“, sagte er. Er öffnete
seinen Aktenkoffer, nahm zwei **Latexhandschuhe**
heraus, zog sie über seine Finger und sagte: „Das
Leder und das Papier ist sehr **empfindlich**. Jede
kleinste Berührung kann das Buch **für immer
beschädigen**.“

Während Professor Moser vorsichtig den Glaskas-
ten **entfernte**, sagte ich: „**Ist es viel wert**, dieses
Buch?“

Er **stellte** den Glaskasten **beiseite**, fasste das
Buch mit den Fingerspitzen und sagte: „Geben Sie
mir bitte einen **Umschlag!**“

Ich nahm einen **Plastikumschlag** aus seinem
Aktenkoffer und öffnete ihn. Professor Moser schob
das Buch vorsichtig hinein, **verschloss** den
Umschlag **luftdicht** und legte ihn in den Koffer.

„Diese Originalausgabe ist eine **Rarität**", sagte er und warf seine Handschuhe in einen **Papierkorb**. „**Nicht zuletzt wegen** den **handschriftlichen Notizen** des Autors. Der **Wert wird** auf circa fünfhunderttausend Euro **geschätzt**."

Mein Herz **klopfte wild**. Professor Moser klappte den Koffer zu und sagte: „Gut. Danke für Ihre Hilfe! Sie machen gute Arbeit hier. **Weiter so!**" Dann nickte er kurz und verschwand durch die Tür.

~

Wiedervereinigung: reunification | **Flur**: hallway | **lehnte**: leaned | **Koffer**: suitcase | **(Es) freut mich auch ...**: I'm also really pleased ... | **Wir umarmten uns.**: We hugged each other. | **länger**: longer | **erst einmal**: first of all | **Kaffeesahne**: coffee creamer | **doppelt**: double | **flüsterte**: whispered | **schaute sich um**: looked around | **Farbe**: color | **passen**: fit | **jedenfalls**: at least | **Nationalsozialisten**: National Socialists | **gekündigt**: quit | **Untersetzer**: coaster | **geliebt**: loved | **Ich kann nicht mehr.**: I can't stand it any longer. | **Ich bin mit den Nerven am Ende.**: My nerves are frazzled. | **gerade erst**: just now | **aufgestanden**: got up | **eskaliert**: escalated | **gestürmt**: stormed | **Tränengas**: tear gas | **Menge**: crowd | **Rauch**: smoke | **Stacheldrahtzäune**: barbed wire fences | **weinend**: crying | **blutend**: bleeding | **Stirn**: forehead | **sieht aus wie**: looks like | **Krieg**: war | **Hoffnung**: hope | **weder vor noch zurück**: neither forwards nor backwards | **extrem**: extremely | **frustriert**: frustrated | **Jugendliche**: juveniles | **Steine**: stones | **geworfen**: thrown | **Dir ist nichts passiert?**: Nothing happened to you? | **Tränengasgranate**: tear gas canister | **beinahe**: almost | **getroffen**: struck | **wurde mir klar**: became clear to me | **verständnisvoll**: understanding | **Erfahrung**: experience | **solch**: such | **meinte**: said | **bleiben**: stay | **ab jetzt**: from now | **verdient**: earned | **besser als nichts**: better than nothing | **Wie viel Uhr ist es?**: What time is it? | **Ich muss los.**: I have to go. | **Schlaf gut!**: Sleep well! | **Wange**: cheek | **Bis später!**: See you later! | **auf dem Weg zu**: on the way to |

überall: everywhere | **Mantel**: coat | **Aktenkoffer**: briefcase | **Veranstaltung**: event | **fad**: boring [Austrian] | **Kontakte knüpfen**: make new contacts | **zurechtgefunden**: found one's way around | **Sie fragen sich** ...: You are wondering ... | **Keine Angst!**: Don't worry! | **kontrollieren**: supervise | **nervös**: nervously | **bloß**: just | **Kleinigkeit**: small thing | **Leiter**: manager | **getroffen**: met | **austauschen**: exchange | **schluckte**: swallowed | **das gute Stück**: the precious piece | **Latexhandschuhe**: latex gloves | **Leder**: leather | **empfindlich**: sensitive | **kleinste**: smallest | **Berührung**: touch | **für immer**: permanently | **beschädigen**: damage | **entfernte**: removed | **Ist es viel wert?**: Is it worth a lot? | **stellte ... beiseite**: set aside ... | **Umschlag**: envelope | **Plastikumschlag**: plastic envelope | **verschloss**: closed | **luftdicht**: airtight | **Rarität**: rarity | **Papierkorb**: waste basket | **nicht zuletzt**: not least | **wegen**: due | **handschriftlich**: handwritten | **Notizen**: notes | **Wert**: value | **wird geschätzt**: is estimated | **klopfte**: beat | **wild**: wildly | **Weiter so!**: Keep it up!

131

Übung

1. Elisabeth steht ... im Flur.

a) am Morgen

b) am Nachmittag

c) am Abend

2. Sie erzählt Dino, dass sie ihren ... hat.

a) Computer vergessen

b) Chef geküsst

c) Job gekündigt

3. Was ist das Problem mit ihrer Arbeit?

a) Sie bekommt nicht genug Gehalt.

b) Sie findet ihren Chef nervig.

c) Sie ist mit den Nerven am Ende.

4. Warum hat die Polizei mit Tränengas geschossen?

a) Die Journalisten haben die Grenze gestürmt.

b) Die Flüchtlinge haben die Grenze gestürmt.

c) Die Flüchtlinge haben die Grenze geschlossen.

5. Die Flüchtlinge sind sehr frustriert, weil ...

a) die Hotels geschlossen sind

b) die Grenze geöffnet ist

c) die Grenze geschlossen ist

6. Elisabeths Chef ist sehr ...

a) frustriert

b) verständnisvoll

c) glücklich

7. Elisabeth und Dino können ... in der Wohnung bleiben.

a) bis zum Ende der Woche

b) bis zum Ende des Monats

c) bis zum Ende des Jahres

8. Vor dem Museum wartet ... auf Dino.

a) Professor Moser

b) Dr. Gruber

c) Maximilian Moser

9. Was bedeutet „fad"?

a) interessant

b) langweilig

c) aufregend

10. Die Freud-Museen in Wien und in London ...

a) werden ein paar Objekte verkaufen

b) werden ein paar Gäste austauschen

c) werden ein paar Objekte austauschen

11. Das Buch ist circa ... wert.

a) 5.000

b) 50.000

c) 500.000

10. Der Walzer

~

Nach der Arbeit ging ich direkt nach Hause. Es war früher Abend. Elisabeth hatte gerade **geduscht**.

„Hey Dino!", sagte sie und **trocknete** ihre Haare mit einem **Handtuch**. „Wie war dein Tag?"

„Gut", sagte ich. „Und deiner?"

„Ich weiß nicht", sagte sie. „Ich habe **den ganzen**

Tag geschlafen."

„Du hast es verdient", sagte ich. „Hast du schon Abend gegessen?"

„Nein", sagte sie. „Aber **ich habe einen Bärenhunger**."

„Gut", sagte ich. „Herr Moser hat mir ein *Beisl* **empfohlen**, eine Art Wiener Bistro. Es ist **nicht weit von hier**."

Wir zogen uns an und gingen zu Fuß in Richtung der **Donau**. Der Himmel leuchtete tiefrot. Ein **Geruch** von **Herbst** lag in der Luft.

Das Beisl **befand sich** direkt am **Ufer** der Donau. Wir setzten uns an einen Tisch am Fenster und **beobachtete**n die **Schiffe** auf dem Wasser.

„Schön hier", sagte Elisabeth.

„Ja", sagte ich. „Professor Moser hat gesagt, es gibt hier die beste Wiener **Küche** — und keine Touristenpreise."

Wir bestellten **Tafelspitz** mit „Erdäpfeln" und Spinat, auch eine **Empfehlung** von Herrn Moser. Dazu tranken wir **fast** eine ganze **Flasche Rotwein**,

redeten und lachten. Es war, als hätten wir uns seit Ewigkeiten nicht mehr gesehen.

Nach dem Essen spazierten wir am Donauufer entlang. Zwei **Straßenmusiker** spielten einen Walzer auf einer **Ziehharmonika** und einem **Kontrabass**.

„Willst du **tanzen**?", fragte Elisabeth und nahm meine Hand. Die **Lichter** der Stadt **glitzerten** auf der Donau. Eine **kühle Brise blies** über unsere Gesichter.

„Eins zwei drei, eins zwei drei!", sagte sie. Ich fasste ihre Arme und folgte ihren Schritten. Doch **schon bald stolperte** ich über meine eigenen **Beine**. Elisabeth lachte.

Wir gaben den Musikern ein paar **Münzen** und **ging**en **weiter**, Hand in Hand. „Wien ist so romantisch, **findest du nicht**?", sagte Elisabeth und zeigte über das Wasser. „Schau, da ist der **Stephansdom**!"

„Was?", sagte ich.

„Oh, nichts", sagte Elisabeth. „Nur eine der berühmtesten **Sehenswürdigkeit**en dieser Stadt.

Was hast du eigentlich gemacht in den drei Wochen hier? **Nicht einmal** Walzer tanzen hast du gelernt!"

„Was?", sagte ich. „Du warst nicht hier. Und man kann Walzer nur **schwer** alleine tanzen."

„Ist ja gut", sagte sie und lächelte. „**Ich mache nur Witze.**"

„Willst du in den Prater gehen?", fragte ich und zeigte auf das Riesenrad, das über den **Dächer**n der Stadt leuchtete.

„Was für eine Frage!", rief sie. „**Auf geht's!**"

Eine halbe Stunde später saßen wir in einer **Gondel** und stiegen langsam hinauf in den Himmel. Der Vergnügungspark **unter uns** wurde immer kleiner. Ich sah die Geisterbahn, den Würstelstand und die Hüpfburg.

„**Wusstest du, dass** dieses Riesenrad mehr als hundert Jahre alt ist?", sagte Elisabeth.

„Nein", sagte ich. „Aber es ist nicht wirklich **Vertrauen erweckend.**"

Die Gondel **knarzte** und das Riesenrad blieb stehen. Wir **schaukelte**n im Wind und **blickte**n still auf das **Lichtermeer** tief unter uns.

Ich nahm Elisabeth in den Arm und sagte: „**Weißt du noch**, in **München** auf dem Oktoberfest?"

Sie legte ihren Kopf auf meine Schulter und sagte: „Ja, das waren **einfachere Zeiten**."

„Das war **letztes Jahr**, Elisabeth!", sagte ich und lachte.

„Ja", sagte sie. „Ich weiß, aber es ist so viel passiert seit **damals**."

„Mmh", sagte ich. „Stimmt. **Was hast du** jetzt eigentlich **vor**?"

„Keine Ahnung", sagte sie und seufzte. „Jedenfalls **bin ich den** Journalismus **satt**."

„Willst du nicht mehr schreiben?", fragte ich.

„**Doch**", sagte sie. „Aber nicht für einen Chef, nicht in einem strikten **Zeitplan**. Ich habe zum Beispiel seit langer Zeit nichts mehr auf meinem Blog **gepostet**. Ich will wieder mehr über Filme schreiben …"

„Apropos Filme", sagte ich. „Du hast gesagt, dieses Riesenrad **kommt** in **irgendein**em Film **vor**, nicht wahr?"

„Ja", sagte sie. „Und **nicht nur** in ‚irgendeinem' Film. *Der dritte Mann* ist einer der besten Filme **aller Zeiten**. Sie haben einen Teil hier in Wien **gedreht** und einen anderen Teil in meiner **Heimatstadt**."

„Wirklich?", sagte ich. „In Shepperton?" Sie nickte. Wir schauten still über die Dächer von Wien.

„Und was wirst du jetzt machen?", fragte Elisabeth nach einer Weile.

„Ich weiß nicht", sagte ich. „Es geht ganz gut auf der Arbeit. Niemand hat mich **gefeuert. Bis jetzt**." Sie lachte. „Aber es ist ehrlich gesagt ein bisschen langweilig. **Ich werde** vielleicht auch **kündigen**."

„Im Ernst?", sagte sie. „Aber warum?"

„Na ja", sagte ich. „Wir müssen bald die Wohnung verlassen. Und ich will nicht alleine in Wien bleiben."

„**Du hast Recht**", sagte sie. „Vielleicht sollten wir nach Berlin **ziehen**, oder wir gehen wieder zurück nach München?"

„Ja, vielleicht", sagte ich. „Aber apropos München, ich habe dort letztes Mal etwas Wichtiges vergessen."

„Oh wirklich?", sagte sie und lächelte.

Ich nickte und küsste sie, während das Riesenrad **sich** langsam **wieder in Bewegung setzte.**

~

Walzer: waltz | **geduscht:** showered | **trocknete:** dried | **Handtuch:** towel | **den ganzen Tag:** all day | **Ich habe einen Bärenhunger.:** I'm ravenous. | **empfohlen:** recommended | **nicht weit von hier:** not far from here | **Wir zogen uns an.:** We got dressed. | **Donau:** Danube | **Geruch:** scent | **Herbst:** autumn | **befand sich:** was located | **beobachtete:** observed | **Schiffe:** ships | **Küche:** kitchen | **Tafelspitz:** Viennese boiled beef | **Empfehlung:** recommendation | **fast:** almost | **Flasche:** bottle | **Rotwein:** red wine | **redete:** talked | **Straßenmusiker:** street musicians | **Ziehharmonika:** accordion | **Kontrabass:** contrabass | **tanzen:** dance | **Lichter:** lights | **glitzerte:** glistened | **kühl:** cool | **Brise:** breeze | **blies:** blew | **schon bald:** soon | **stolperte:** stumbled | **Beine:** legs | **Münzen:** coins | **ging weiter:** continued | **, ...findest du nicht?:** , ... don't you think? | **Stephansdom:** St. Stephen's Cathedral | **Sehenswürdigkeit:** tourist attraction | **nicht einmal:** not even | **schwer:** with difficulty | **Ich mache nur Witze.:** I'm just kidding. | **Dächer:** roofs | **Auf geht's!:** Let's go! | **Gondel:** gondola | **unter uns:** below us | **Wusstest du, dass ...?:** Did you know that ...? | **Vertrauen erweckend:** inspiring confidence | **knarzte:** creaked | **schaukelte:** swayed | **blickte:** gazed | **Lichtermeer:** sea of lights | **Weißt du noch?:** Do you still remember? | **München:** Munich | **einfachere Zeiten:** simpler times | **letztes Jahr:** last year | **damals:** back then | **Was hast du vor?:** What do you plan on doing? | **ich bin ... satt:** I'm fed up with ... | **Doch!:** Yes, (I do)! | **Zeitplan:** schedule | **gepostet:** posted | **kommt vor:**

appears/features | **irgendein**: some kind of | **nicht nur irgendein**: not just any | **aller Zeiten**: of all times | **gedreht**: shot [film] | **Heimatstadt**: hometown | **gefeuert**: fired | **bis jetzt**: until now | **ich werde kündigen**: I'll quit | **Du hast Recht!**: You're right! | **ziehen**: move | **sich wieder in Bewegung setzte**: was set in motion again

 **Übung**

1. Ein „Beisl" ist eine Art …

a) Wiener Tanz

b) Wiener Bistro

c) Wiener Würstchen

2. Was bestellen Dino und Elisabeth?

a) Tafelspitz und Weißwein

b) Palatschinken und Weißwein

c) Tafelspitz und Rotwein

3. Nach dem Essen gehen sie … spazieren.

a) am Donauufer

b) im Prater

c) in einem Park

4. Dino kann ... Walzer tanzen.

a) sehr gut

b) nicht so gut

c) sehr schlecht

5. Das Riesenrad im Prater ist ... Jahre alt.

a) mehr als fünfzig

b) weniger als hundert

c) mehr als hundert

6. Was ist Elisabeth satt?

a) die Wiener Küche

b) Filmblogs

c) den Journalismus

7. Elisabeth will ... schreiben.

a) für eine andere Zeitung

b) auf ihrem Blog

c) ein Buch

8. Warum will Dino kündigen?

a) Er will nicht alleine in Wien bleiben.

b) Er mag seine Arbeit nicht.

c) Er ist mit den Nerven am Ende.

9. Dino hat in München ‚vergessen' ...

a) das Oktoberfest zu besuchen

b) mit Elisabeth zu diskutieren

c) Elisabeth zu küssen

Answer Key/Lösungen

1. c, b, a, b, c, a, c, a, c, b, a
2. a, b, c, b, a, b, a, c, b, c, b, c
3. c, a, c, c, b, c, a, c
4. c, b, a, c, b, a, c, b, c, c
5. a, b, c, c, a, a, c, a, a
6. a, b, c, a, b, b, b, c
7. b, c, a, a, b, c, a
8. a, c, b, c, b, c, c, a, a, c, b, c, c
9. a, c, c, b, c, b, b, a, b, c, c
10. b, c, a, c, c, c, b, a, c

About the Author

 **André Klein** was born in Germany, has grown up and lived in many different places including Thailand, Sweden and Israel. He is the author of various short stories, picture books and non-fiction works in English and German.

Website: andreklein.net

Twitter: twitter.com/barrencode

Blog: learnoutlive.com/blog

Acknowledgements

Special thanks to Monika Lekuse's German Inter-mediate Class, Dr Simon Matravers, Deborah Hanson, Stephen Greenfield and Eti Shani.

———

This book is an independent production. Did you find any typos or broken links? Send an email to the author at andre@learnoutlive.com and if your suggestion makes it into the next edition, your name will be mentioned here.

———

Get Free News & Updates

Go to the address below and sign up for free to receive irregular updates about new German related ebooks, free promotions and more:

www.learnoutlive.com/german-newsletter

We're also on Facebook and Twitter:
Visit us at *facebook.com/LearnOutLiveGerman* or *twitter.com/_learn_german*

You Might Also Like ...

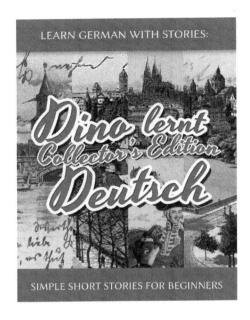

This collector's edition comprises the first four episodes of the "Dino lernt Deutsch" story series for German learners: "Café in Berlin", "Ferien in Frankfurt", "Karneval in Köln" and "Momente in München".

available as paperback and ebook

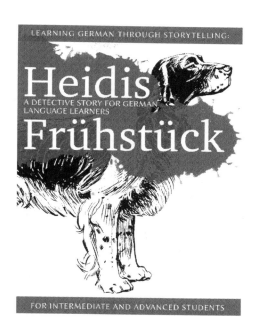

LEARNING GERMAN THROUGH STORYTELLING:

Heidis

A DETECTIVE STORY FOR GERMAN LANGUAGE LEARNERS

Frühstück

FOR INTERMEDIATE AND ADVANCED STUDENTS

When a loyal family dog comes upon a human ear in its feeding dish one morning, the police is notified immediately, but due to a sudden change in staff, the investigation proceeds only haltingly.

available as paperback and ebook

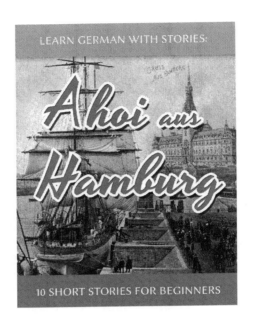

In this sequel to "Momente in München", Dino travels up north to Hamburg, Germany's second largest city and home to one of the biggest ports in Europe. Fresh off the train, he stumbles over an apartment offer which seems too good to be true, but of course there is a catch. Coping with new neighbors and a strange dialect, he soon begins to wonder whether he bit off more than he can chew.

available as paperback and ebook

Follow Bert the book and help him unravel the mystery of the life-threatening "reading machine". What does it want? Where does it come from? And will he be able to protect his friends from its hungry jaws? Learn German with this picture book for the young and young at heart.

available as paperback and ebook

LEARNING GERMAN THROUGH STORYTELLING:

Zum

A DETECTIVE STORY FOR GERMAN
LANGUAGE LEARNERS

Bärenhaus

FOR INTERMEDIATE AND ADVANCED STUDENTS

*In the local zoo a corpse is found in the Panda enclos-
ure. How did it get there? Was it an accident or ruthless
murder? Help Kommissar Baumgartner and his
colleague Katharina Momsen solve this case and
improve your German effortlessly!*

available as ebook edition

LEARN GERMAN WITH STORIES:

COMPLETE EDITION

ASCHKALON

THE INTERACTIVE FANTASY ADVENTURE FOR GERMAN LEARNERS

This interactive adventure ebook for German learners puts you, the reader, at the heart of the action. Boost your grammar by engaging in sword fights, improve your conversation skills by interacting with interesting people and enhance your vocabulary while exploring forests and dungeons.

available as paperback and ebook

Thank you for supporting independent publishing.